Eva Nebenführ

Aktuelle Tendenzen der Bevölkerungspolitik
auf den Philippinen

MITTEILUNGEN
DES INSTITUTS FÜR ASIENKUNDE
HAMBURG

-- Nummer 187 --

Eva Nebenführ

Aktuelle Tendenzen der Bevölkerungspolitik auf den Philippinen

Hamburg 1990

Redaktion der Mitteilungsreihe des Instituts für Asienkunde:
Dr. Brunhild Staiger

Gesamtherstellung: Lit Verlag, Münster-Hamburg
Textgestaltung: Anette Hillebrand

ISBN 3-88910-078-3
Copyright Institut für Asienkunde
Hamburg 1990

VERBUND STIFTUNG
DEUTSCHES ÜBERSEE-INSTITUT

Das Institut für Asienkunde bildet mit anderen, überwiegend regional ausgerichteten Forschungsinstituten den Verbund der Stiftung Deutsches Übersee-Institut.

Dem Institut für Asienkunde ist die Aufgabe gestellt, die gegenwartsbezogene Asienforschung zu fördern. Es ist dabei bemüht, in seinen Publikationen verschiedene Meinungen zu Wort kommen zu lassen, die jedoch grundsätzlich die Auffassung des jeweiligen Autors und nicht unbedingt des Instituts für Asienkunde darstellen.

Inhaltsverzeichnis

Verzeichnis der Tabellen 7
Verzeichnis der Abbildungen 11
Verzeichnis der Karten 12
Verzeichnis der Abkürzungen 12

1 Thematische Abgrenzung 13

2 Zur Problematik der Datenlage 15

3 Die Bevölkerungsentwicklung der Philippinen in einer globalen Perspektive 19

4 Die natürlichen Komponenten des Bevölkerungswachstums der Philippinen in ihrer regionalen Differenzierung 24
  4.1 Die aktuelle Bevölkerungsdichte und die Entwicklung des Bevölkerungswachstums seit den fünfziger Jahren 24
  4.2 Die Alters- und Geschlechtsstruktur in ihrer zeitlichen Veränderung 29
  4.3 Die Mortalitätsentwicklung in ihrer Bedeutung für die Bevölkerungsentwicklung 37
    4.3.1 Zum Zusammenhang von Mortalität und Fertilität 37
    4.3.2 Spezielle Aspekte des Mortalitätsrückganges im Hinblick auf die Fertilitätsentwicklung 38
  4.4 Die Fertilitätsentwicklung als tragende Komponente des Bevölkerungswachstums 44
    4.4.1 Die Modifikation der klassischen Transformationstheorie nach Caldwell sowie nach Baever 44
    4.4.2 Das aktuelle Fertilitätsniveau in seiner Entwicklung seit der Jahrhundertwende und sein projizierter Abfall bis 2025 47
      4.4.2.1 Die Veränderung der rohen Geburtenrate seit 1903 47
      4.4.2.2 Die Entwicklung der altersspezifischen und der totalen Fruchtbarkeitsrate seit 1960 52
      4.4.2.3 Zum generativen Verhalten verheirateter Frauen in seiner zeitlichen Veränderung 63
      4.4.2.4 Das Fertilitätsniveau in seiner Abhängigkeit von indirekten Determinanten 67

Inhaltsverzeichnis

5 **Aspekte des sozio-ökonomischen und sozio-kulturellen Entwicklungsstandes der Philippinen in ihrer Auswirkung auf den demographischen Wandel**   72

   5.1   Das demo-ökonomische Wirkungsgefüge als Bestandteil der gesellschaftlichen Ordnung   72
   5.2   Die sozio-politische Struktur der Gesellschaft   73
      5.2.1   Exkurs: Abriß der politischen Entwicklung der Philippinen   73
      5.2.2   Die soziale Situation der philippinischen Bevölkerung   75
   5.3   Der Urbanisierungsprozeß in seinen raumwirksamen und gesellschaftsverändernden Folgeerscheinungen   79
   5.4   Organisation und Effizienz des Gesundheitswesens   82
   5.5   Erfolge und Probleme der Bildungspolitik   94
   5.6   Der gewandelte Status der Frau in seiner demographischen Relevanz   102
      5.6.1   Die Stellung der Frau nach dem philippinischen Gesetz   102
      5.6.2   Die Situation der Frau auf dem Arbeitsmarkt   104
      5.6.3   Zum Zusammenhang von weiblicher Berufstätigkeit und Fertilität   108
   5.7   Der Nuptialitätswandel als bedeutende Determinante der Fertilitätsentwicklung   110
   5.8   Zum Stellenwert des Kindes und der Vorstellung von der idealen Familiengröße   115

6 **Die Bedeutung der gezielten Familienplanung für den Fertilitätswandel**   123

   6.1   Die staatliche Familienplanungspolitik   123
      6.1.1   Das Familienplanungsprogramm der Regierung Marcos   123
      6.1.2   Die Familienplanungspolitik der Regierung Aquino   125
   6.2   Die Verbreitung theoretischer Kenntnisse über Empfängnisverhütung und der aktuelle Stand der Verhütungspraxis   127
      6.2.1   Die Einstellung gegenüber modernen Kontrazeptiva, die vorwiegend eingesetzten Methoden und ihre Effizienz   127
      6.2.2   Zur Charakteristik nicht bzw. nicht mehr verhütender Frauen und den Gründen für das Absetzen einer Verhütungsmethode   132
   6.3   Zur Evaluierung der Effektivität der Familienplanungsprogramme innerhalb des gesamtgesellschaftlichen Zusammenhanges   134

7 **Zur Konzeption der Bevölkerungspolitik innerhalb der Entwicklungspolitik - spezielle Probleme bei der Umsetzung bevölkerungspolitischer Ziele auf den Philippinen**   140

Anmerkungen   143
Summary in English   148
Statistisches Ergänzungsmaterial   151
Bibliographie   161

Verzeichnis der Tabellen

Tab. 1:	Übersicht über die Zensuseinheiten der Philippinen 1980	17
Tab. 2:	Bevölkerungsprojektion ausgewählter Entwicklungsländer bis zum Jahr 2040 im Vergleich	20
Tab. 3:	Bevölkerungsanteil in Prozent und jährliche Wachstumsrate der Großregionen der Erde, mittlere Variante, 1950-2025	21
Tab. 4:	Die Entwicklung der rohen Geburtenrate und der totalen Fruchtbarkeitsrate im asiatischen Raum im Vergleich zu ausgewählten Entwicklungsländern anderer Regionen sowie zur Weltsituation, 1960-1988	23
Tab. 5:	Bevölkerungsdichte und Landanteil in Prozent nach Regionen, 1960-1980	24
Tab. 6:	Bevölkerungswachstum absolut und relativ 1948-1980 und Verdoppelungszeitraum unter Beibehaltung der Wachstumsraten von 1983-1984 nach Regionen	27
Tab. 7:	Geschlechterproportion der philippinischen Bevölkerung nach Regionen, 1960-1980	31
Tab. 8:	Die Geschlechterproportion, differenziert nach Altersgruppen, 1970 und 1980	32
Tab. 9:	Kinderbelastungsquote, Altenbelastungsquote und demographische Belastungsquote nach Regionen 1970 und 1980	35
Tab. 10:	Entwicklung der rohen Sterberate sowie der Säuglingssterblichkeit nach Regionen 1950-1980	40
Tab. 11:	Durchschnittliche Länge des Geburtenintervalls (in Monaten) zwischen der Parität i und i+1$^+$ 1977 (RPFS) a) nach der Anzahl der überlebenden Kinder der Parität i unter allen Frauen, die mindestens drei Kinder geboren haben	42
	b) nach der Anzahl der lebenden Kinder der Parität i und dem Überleben des in der Parität i geborenen Kindes während der Säuglingszeit	42
Tab. 12:	Kumulierter Prozentsatz jemals verheirateter Frauen nach dem Zeitpunkt der ersten Anwendung von Verhütungsmethoden und der Konfrontation mit dem Tode eines Säuglings innerhalb der ersten drei Geburten (= innerhalb der ersten drei Paritäten), 1977 (RPFS)	43
Tab. 13:	Rohe Geburtenrate (= CBR), 1903-1970	50
Tab. 14:	Rohe Geburtenrate nach Regionen 1960-1980	50
Tab. 15:	Indirekte Geburtenrate (= Kinder im Alter von 0 bis 1 Jahr in Promille der Gesamtbevölkerung) nach Regionen in ihrer urban/ruralen Differenzierung 1979 (Zensus 1980)	51
Tab. 16:	Altersspezifische Fruchtbarkeitsraten 1960-1980	54
Tab. 17:	Entwicklung der totalen Fruchtbarkeitsrate 1965-1980 nach verschiedenen Schätzungen, Philippinen gesamt	55

Verzeichnis der Tabellen

Tab. 18:	Totale Fruchtbarkeitsrate nach Regionen 1960-1980 (NCSO-Werte)	56
Tab. 19:	Totale Fruchtbarkeitsrate nach Regionen sowie Rangordnung der Regionen (nach zwei unterschiedlichen Schätzungen der UNO) für 1970 und 1980	57
Tab. 20:	Altersspezifische Fertilitätsraten verheirateter Frauen 1965, 1970 (NDS) und 1977 (RPFS)	65
Tab. 21:	Durchschnittliche Anzahl der geborenen Kinder verheirateter Frauen im reproduktionsfähigen Alter (14-49 Jahre alt) nach Altersgruppen 1968-1983	66
Tab. 22:	Anzahl der geborenen Kinder verheirateter Frauen im reproduktionsfähigen Alter nach Hauptinselgruppen 1983	67
Tab. 23:	Durchschnittliche Anzahl der geborenen Kinder für 10 bis 19 Jahre verheiratete Frauen nach ausgewählten Einflußfaktoren 1977 (RPFS)	68
Tab. 24:	Fruchtbarkeitsrate verheirateter Frauen im Alter von 20 bis 39 Jahren nach Haushaltseinkommen und Wohnsitzklasse 1977 (AFS)	71
Tab. 25:	Absolute und relative Armut nach Regionen 1985	76
Tab. 26:	Prozentuale Verteilung des gesamten Familieneinkommens nach Einkommenszehntel 1985 und 1992	77
Tab. 27:	Anteil der urbanen Bevölkerung nach Regionen 1970, 1975 und 1980	80
Tab. 28:	Bevölkerungszahl der bedeutendsten Städte der Philippinen 1984	81
Tab. 29:	Haupttodesursachen 1978-1984 (pro 100.000 der Bevölkerung)	83
Tab. 30:	Anzahl privater und öffentlicher Spitäler sowie deren Bettenkapazität 1982 nach Regionen	84
Tab. 31:	Unterernährungsrate nach Regionen 1984/1985 (basierend auf OPT-maßen; Gewicht : Alter)	85
Tab. 32:	Durchschnittliche Ausgaben für medizinische Betreuung pro Familie nach Einkommensklassen, urban-rural 1985	86
Tab. 33:	Trends in der Brustfütterung und Dauer der Stillzeit nach ausgewählten Merkmalen 1978 und 1983	91
Tab. 34:	Anteil der Alphabeten an der Gesamtbevölkerung absolut und relativ, 1960-1980	96
Tab. 35:	Einschreibungen in die Elementarschule und Drop-Out-Raten 1960-1982	97
Tab. 36:	Anteil der Schulen, Aufstiegsrate und Alphabetenrate der Bevölkerung im Alter von 15 bis 24 Jahren 1980 nach Regionen	98
Tab. 37:	Durchschnittliche Schulgebühr in Sekundarschulen (in Pesos) nach Einkommenszehntel, Schüler im Alter von 13-15 Jahren	99

Verzeichnis der Tabellen 9

Tab. 38:	Charakteristische Merkmale des Schulsystems 1985-86	100
Tab. 39:	Weibliche Arbeitslosigkeit 1980 nach verschiedenen Klassifikationen	105
Tab. 40:	Weibliche Beschäftigungsrate nach Altersgruppen, urban-rural, 1971 bis 1985	106
Tab. 41:	Der prozentuale Anteil weiblicher Beschäftigter nach Wirtschaftssektoren 1960 bis 1980	106
Tab. 42:	Durchschnittliches vierteljährliches Einkommen von Arbeitern nach Geschlecht und Hauptberufsgruppen 1981	107
Tab. 43:	Differenzierung des Heiratsalters nach Wohnsitz unter dem Einfluß ausgewählter Variablen 1977 (RPFS) (für Frauen im Alter von 25 Jahren und darüber, wenn sie vor dem 25. Lebensjahr geheiratet haben)	111
Tab. 44:	Differenzierung des Heiratsalters nach der Schulbildung unter dem Einfluß ausgewählter Variablen 1977 (RPFS) (für Frauen im Alter von 25 Jahren und darüber, wenn sie vor dem 25. Lebensjahr geheiratet haben)	112
Tab. 45:	Durchschnittlich gewünschte Kinderzahl nach Anzahl der lebenden Kinder und der Ehedauer 1977 (RPFS)	116
Tab. 46:	Durchschnittlich gewünschte Kinderzahl nach der Anzahl der lebenden Kinder und den Fällen von Kindestod 1978 (RPFS)	118
Tab. 47:	Durchschnittlich gewünschte Kinderzahl nach dem Bildungsgrad der Mutter 1978 (RPFS)	119
Tab. 48:	Durchschnittlich gewünschte Kinderzahl nach dem Bildungsgrad der Mutter 1978 (RPFS)	119
Tab. 49:	Prozentualer Anteil verheirateter Frauen (15 bis 49 Jahre), die finanzielle Unterstützung von ihren Kindern erwarten und die tatsächlich unterstützt werden, 1983	120
Tab. 50:	Ideale und angestrebte Kinderzahl nach elterlichen Unterstützungserwartungen 1975	121
Tab. 51:	Bevölkerungsprojektion nach Regionen 1987-1992	126
Tab. 52:	Einstellung verheirateter Frauen im reproduktionsfähigen Alter (15-49) gegenüber modernen Familienplanungsmethoden 1983 (prozentualer Anteil)	128
Tab. 53:	Positive Einstellung gegenüber modernen Methoden zur Empfängnisverhütung nach ausgewählten Variablen 1980 (prozentualer Anteil der verheirateten Frauen im Alter von 15-49 Jahren mit positiver Einstellung)	129
Tab. 54:	Anwendung verschiedener Verhütungsmethoden 1983 (von verheirateten Frauen im Alter von 15 bis 44 Jahren)	130
Tab. 55:	Anwendung verschiedener Verhütungsmethoden 1968 bis 1983 (prozentualer Anteil der verheirateten Frauen im Alter von 15 bis 44 Jahren, die die jeweilige Methode anwenden)	131

Verzeichnis der Tabellen

Tab. 56: Anwendung verschiedener Verhütungsmethoden 1979 und 1980 nach ausgewählten Regionen (Prozentanteil wie in Tab. 54) 131
Tab. 57: Schwangerschaftsrate nach Pearl und Fortführungsrate für 12 Monate nach ausgewählten Methoden 1976 bis 1980 132
Tab. 58: Praktizierte bzw. nicht praktizierte Empfängnisverhütung jemals verheirateter Frauen nach Alter, Fruchtbarkeit und Ehestand 1978 (RPFS) 133
Tab. 59: Gründe für das Absetzen der letzten Verhütungsmethode nach dem Alter der Frau 1978 (RPFS) 133
Tab. 60: Anwendung verschiedener Verhütungsmethoden nach Erreichbarkeit einer Familienplanungsklinik und Entwicklungsstand der Gemeinde 1978 (RPFS) (prozentualer Anteil der jemals verheirateten Frauen) 136
Tab. 61: Anzahl der jemals geborenen Kinder nach Entfernung einer Familienplanungsklinik und Entwicklungsstand der Gemeinde 1978 (RPFS) 136
Tab. 62: Multiple Klassifikationsanaylse der Effekte auf die Anzahl der jemals geborenen Kinder 1978 (RPFS) (zweiseitige Interaktion der Faktoren) 137

Tabellen im Anhang

Tab. A1: Bevölkerungsdichte nach Provinzen entsprechend ihrer Rangordnung 1970, 1975 und 1980 151
Tab. A2: Durchschnittliche jährliche Wachstumsrate der Bevölkerung zwischen 1970 und 1980 nach Regionen und Provinzen 153
Tab. A3: Anteil der 0-4jährigen an der Gesamtbevölkerung in Prozent nach Regionen und Provinzen, 1970 und 1980 154
Tab. A4: Frauen/Kinder-Rate 1970 und 1980 nach Regionen und Provinzen 155
Tab. A5: Durchschnittliche Lebenserwartung bei der Geburt und Rate der Säuglingssterblichkeit nach Regionen und Provinzen 1970 und 1980 156
Tab. A6: Rohe Sterberate 1903 bis 1973 nach unterschiedlichen Quellen 158
Tab. A7: Niveau der rohen Geburtenrate sowie deren zeitliche Veränderung für ausgewählte asiatische Länder 1960-1965 und 1975-1980 158
Tab. A8: Totale Fruchtbarkeitsrate 1970 und 1980 nach zwei unterschiedlichen Schätzmethoden sowie deren Veränderung in Prozent nach Regionen und Provinzen 159

Verzeichnis der Abbildungen

Abb. 1:	Darstellung demo-ökonomischer Zusammenhänge in ihrer wechselseitigen Kausalbeziehung nach Hauser	14
Abb. 2:	Relative Bevölkerungsentwicklung in Entwicklungs- und Industrieländern, Index 1970 = 100, 1970-2150	20
Abb. 3:	Veränderung der prozentualen Bevölkerungsanteile der Großregionen der Erde 1950-2025	22
Abb. 4:	Blockschema zur Verdeutlichung der "mechanistischen" Zusammenhänge zwischen Alters-/Geschlechtsaufbau, demographischen Variablen und Bevölkerungswachstum nach Hauser	30
Abb. 5:	Die Alters- und Geschlechtsstruktur der Bevölkerung 1903 und 1948 im Vergleich	33
Abb. 6:	Alters- und Geschlechtsstruktur der Bevölkerung, urban-rural, Philippinen gesamt 1980	34
Abb. 7:	Voraussichtliche Entwicklung der Altersstruktur bis zum Jahr 2030 unter Annahme verschieden starker Fertilitätsrückgänge	36
Abb. 8:	Die modifizierte Theorie der Demographischen Transformation nach Caldwell	46
Abb. 9:	Das Kausalmodell zur Theorie der Demographischen Transformation nach Baever	47
Abb. 10:	Veränderung der rohen Geburtenrate im Zusammenhang mit der rohen Sterberate 1903 bis 1980 sowie projizierte Entwicklung bis 2000	49
Abb. 11:	Altersspezifische Fruchtbarkeitskurve 1965 bis 1980	53
Abb. 12:	Fertilität verheirateter Frauen nach dem Bildungsgrad zwischen 1973 und 1977 (RPFS)	70
Abb. 13:	Budgetanteile einzelner Sektoren an den Staatsausgaben, 1987 und 1992 (in %)	78
Abb. 14:	Prozentualer Anteil der noch gestillten Säuglinge nach Monaten seit der Geburt, für Säuglinge vor der letzten Schwangerschaft (1977) sowie für alle innerhalb der letzten drei Jahre vor dem RPFS 1978 geborenen Säuglinge	89
Abb. 15:	Dauer der unfruchtbaren Periode in Monaten nach der Geburt für das Intervall zwischen den zwei letzten Schwangerschaften (1977) und für alle Schwangerschaften innerhalb der letzten drei Jahre vor dem RPFS 78	90
Abb. 16:	Entwicklung ausgewählter Gesundheitsindikatoren zwischen 1987 und 1992	93
Abb. 17:	Geschlechtsspezifische Alphabetisierungsrate nach urban-ruraler Differenzierung 1980 (Bevölkerung im Alter von 10 Jahren und darüber)	95
Abb. 18:	Anzahl der lebenden Kinder und gewünschte Kinderzahl nach der Ehedauer 1977 (RPFS)	117

Verzeichnis der Karten

Karte 1:	Statistische Erhebungseinheiten der Philippinen (Zensus 1980)	16
Karte 2:	Bevölkerungsdichte 1980 nach Provinzen	25
Karte 3:	Durchschnittliche jährliche Wachstumsrate der Bevölkerung 1970-1980 nach Provinzen	28
Karte 4:	Totale Fruchtbarkeitsrate 1970 nach Provinzen	60
Karte 5:	Totale Fruchtbarkeitsrate 1980 nach Provinzen	61
Karte 6:	Veränderung der totalen Fruchtbarkeitsrate 1970-1980 nach Provinzen	62

Verzeichnis der Abkürzungen

AFS	Area Fertility Survey
CBR	engl.: crude birth rate, dt.: rohe Geburtenrate
CDR	engl.: crude death rate, dt.: rohe Sterberate
CEB	engl.: children ever born, dt.: jemals geborene Kinder (Anzahl)
NCSO	National Census and Statistics Office
NDS	National Demographic Survey
RPFS	Republic of the Philippine Fertility Survey
TFR	engl.: Total Fertility Rate, dt.: Totale Fruchtbarkeitsrate
TMRF	engl.: Total Marital Fertility rate, dt.: Totale Fruchtbarkeitsrate verheirateter Frauen

1 Thematische Abgrenzung

Die Beschäftigung mit den verschiedenen Auslösungsmechanismen der Bevölkerungsdynamik - insbesondere der Fertilitätsentwicklung - nimmt in der bevölkerungsgeographischen Forschung immer mehr Raum ein. Die Relevanz der Thematik für die entwicklungspolitische Planung steht angesichts der tragenden Rolle, die demographischen Aspekten innerhalb sozio-ökonomischer Entwicklungsprozesse zukommt, außer Frage.

Obschon Bevölkerungswachstum der wirtschaftlichen und sozialen Entwicklung nicht a priori hinderlich ist, stellt das rapide Anwachsen der Bevölkerungszahl in Entwicklungsländern eines der gravierendsten Entwicklungserschwernisse dar. So führt etwa, um nur einige negative Konsequenzen zu nennen, die steigende Jugendlast zu einem verlangsamten Anstieg des Pro-Kopf-Einkommens. Bestehende sozio-ökonomische Disparitäten verstärken sich, da die Chance zur Partizipation an wirtschaftlichen und sozialen Errungenschaften sich für einen Großteil der Bevölkerung verringert.[1] Geht man nun von einem Entwicklungsbegriff aus, der die Befriedigung der Grundbedürfnisse möglichst weiter Bevölkerungskreise und den Abbau sozio-ökonomischer Disparitäten zu seinen Hauptpostulaten zählt, so ergibt sich daraus die Notwendigkeit einer Drosselung des Bevölkerungswachstums zur Erleichterung der sozio-ökonomischen Entwicklung.

Während sinkende Wachstumsraten der Bevölkerung und die Fertilitätsreduktion allgemein erklärte Entwicklungsziele der Philippinen sind, scheiden sich die Geister über die Frage der geeigneten politischen Maßnahmen zu ihrer Verwirklichung. In der Vergangenheit konzentrierte sich die diesbezügliche Bevölkerungspolitik vor allem auf medizinisch-technische Probleme der Empfängnisverhütung und auf die Möglichkeiten zur Information der Bevölkerung. Nach einer langen Periode der so praktizierten Familienplanungspolitik stellt sich nun die Frage nach ihrem tatsächlichen Einfluß auf die Fertilitätsentwicklung, d.h. letztlich nach dem Erfolg der bevölkerungspolitischen Konzepte in der realen Umsetzung.

Das Wirkungsgefüge zwischen demographischem und sozio-ökonomischem sowie sozio-kulturellem Wandel ist jedoch so komplex (vgl. Abb. 1), daß sich hier kaum quantifizierbare Kausalzusammenhänge feststellen lassen. Der heutige Stand der bevölkerungsgeographischen Forschung erlaubt nur geringe Rückschlüsse auf die konkreten Beziehungen zwischen ökonomischen, sozialen und kulturellen Determinanten der Fertilitätsentwicklung und des generativen Verhaltens. Im Zuge neuerer Theoriebildungen im Bereich der Fertilitätsforschung wurden entscheidende Fortschritte in der Aufklärung der wirksamen Zusammenhänge gemacht. Empirische Untersuchungen wiesen hier vor allem auch auf die Bedeutung des sozio-ökonomischen und -kulturellen Wandels für Änderungen im generativen Verhalten hin.

Abbildung 1:
Darstellung demo-ökonomischer Zusammenhänge in ihrer wechselseitigen Kausalbeziehung nach Hauser

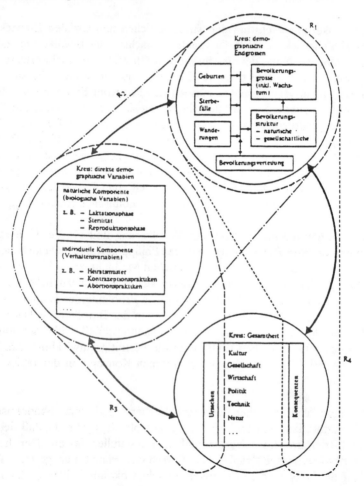

Quelle: Hauser 1982, S.27.

Die Philippinen nehmen angesichts der in den letzten Jahrzehnten erreichten Reduktion des Bevölkerungswachstums eine Mittelstellung innerhalb der Entwicklungsländer ein. Die Zielsetzungen der ehrgeizigen Familienplanungsprogramme wurden jedoch nur teilweise erreicht. Dies wird vielfach auf die Vernachlässigung sozio-ökonomischer und sozio-kultureller Komponenten des Fertilitätswandels in der bevölkerungspolitischen Planung zurückgeführt.[2] In diesem Sinne will die vorliegende Arbeit einen Beitrag zur Erforschung des Ausmaßes sozio-ökonomischer und sozio-kultureller Entwicklungsprozesse im Hinblick auf die Fertilitätsentwicklung leisten. Nur ein Teil der möglichen Kausalzusammenhänge wird dabei erfaßt. Dies ergibt sich einerseits aus der Komplexität der Thematik, andererseits aus der Beschränkung des vorhandenen Datenmaterials. Mögliche Kausalzusammenhänge lassen sich natürlich aus der Korrelation der einzelnen Entwicklungsprozesse ablesen. Hier soll vor allem durch die Analyse der regionalen Differenzierung eine solide Basis zur Erfassung von Strukturzusammenhängen geschaffen werden. Dies ist letztlich eine Grundvoraussetzung für die Erstellung neuer bevölkerungspolitischer Konzepte im Rahmen einer sinnvollen entwicklungspolitischen Planung.

2 Zur Problematik der Datenlage

Soweit es sich um demographische und sozio-ökonomische Grunddaten handelt, stützt sich die vorliegende Arbeit auf die Hauptergebnisse des letzten Zensus der Philippinen (1980), der diesbezüglich noch keiner Auswertung unterzogen wurde. Die Analyse erfolgt - soweit dies möglich ist - auf Provinzbasis, ansonsten auf regionaler Ebene (Karte 1).

Die Qualität des Zensus ist für ein Entwicklungsland relativ hoch, da die bevölkerungsstatistische Erhebung in den Philippinen eine lange Tradition hat und somit bereits ein gut durchorganisiertes Erhebungsnetz besteht. Vergleicht man die Zensen 1970 und 1980, so kann man zwar aus dem Zensus 1980 exaktere Ergebnisse erwarten, der Untersuchungsumfang hat sich jedoch beim letzten Zensus verringert. Einige Merkmale bzw. Merkmalkombinationen, die 1970 und in der Zwischenerhebung 1975 erfaßt wurden, scheinen im Zensus 1980 nicht mehr auf. Vor allem für eine Analyse der Haushaltsstruktur und des Heiratsverhaltens bieten die älteren Erhebungen reicheres Datenmaterial als der jüngste Zensus. Weiter ist zu beachten, daß bei der systematischen Auswahl der "Musterhaushalte" für die Befragung im Rahmen des Zensus 1980 ein bestimmter Haushaltstyp bevorzugt wurde. Haushalte junger Ehepaare mit Kleinkindern sind hier überrepräsentiert, was naturgemäß zu einer gewissen Verzerrung der Zensusergebnisse führt. Diese ist jedoch eher minimal; für eine realistische Auswertung des Zensus 1980 darf man seine etwas einseitige Ausrichtung jedoch nicht außer acht lassen.[3]

Karte 1:
Statistische Erhebungseinheiten der Philippinen (Zensus 1980)

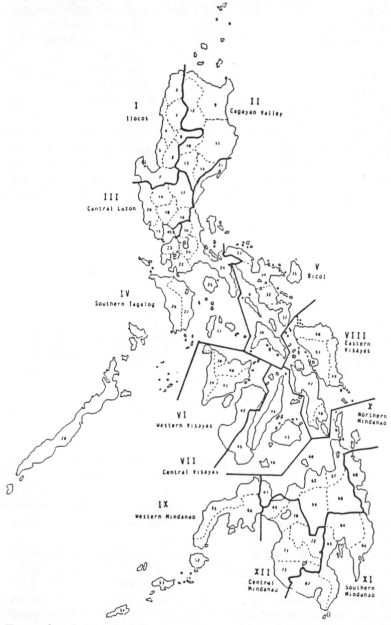

Entwurf nach: NCSO Philippines, *Census of Population and Housing 1980*.

Datenlage 17

Tabelle 1:
Übersicht über die Zensuseinheiten der Philippinen 1980

I	Ilocos	V	Bicol	IX	Western Mindanao
1	Abra	32	Albay	52	Basilan
2	Benguet	33	Camarines Norte	53	Sulu
3	Ilocos Norte	34	Camarines Sur	54	Tawi-Tawi
4	Ilocos Sur	35	Catanduanes	55	Zamboanga del Norte
5	La Union	36	Masbate	56	Zamboanga del Sur
6	Mountain Province	37	Sorsogon		
7	Pangasinan				
II	Cagayan Valley	VI	Western Visayas	X	Northern Mindano
8	Batanes	38	Aklan	57	Agusan del Norte
9	Cagayan	39	Antique	58	Agusan del Sur
10	Ifugao	40	Capiz	59	Bukidnon
11	Isabela	41	Iloilo	60	Camiguin
12	Kalinga-Apayo	42	Negros Occidental	61	Misamis Occidental
13	Nueva Vizcaya			62	Misamis Oriental
14	Quirino			63	Surigao del Norte
III	Central Luzon	VII	Central Visayas	XI	Southern Mindanao
15	Bataan	43	Bohol	64	Davao del Norte
16	Bulacan	44	Cebu	65	Davao del Sur
17	Nueva Ecija	45	Negros Oriental	66	Davao Oriental
18	Pampanga	46	Siquihor	67	South Cotabato
19	Tarlac			68	Surigao del Sur
20	Zambales				
IV	Southern Tagalog	VIII	Eastern Visayas	XII	Central Mindanao
21	Aurora	47	Leyte	69	Lanao del Norte
22	Batangas	48	Southern Leyte	70	Lanao del Sur
23	Cavite	49	Eastern Samar	71	Maguidanao
24	Laguna	50	Northern Samar	72	North Cotabato
25	Marinduque	51	Western Samar	73	Sultan Kudarat
26	Occidental Mindoro				
27	Oriental Mindoro				
28	Palawan			XIII	**National Capital**
29	Quezon				**Region -**
30	Rizal				**Metro Manila**
31	Romblon				

Obschon die Philippinen über eine fundierte gesetzliche Grundlage zur Erleichterung der Datenerhebung verfügen (Geburt, Tod und Heirat unterliegen der Meldepflicht), stellt das Erfassen demographischer Daten nach wie vor ein Problem dar. Ungenauigkeiten in den Zensusergebnissen bestehen vor allem bei der Alters- und Geschlechtsstruktur, worauf jedoch später noch eingegangen werden soll (vgl. Kap. 4.2).

Datenlage

Weitere bevölkerungsstatistische Daten, wie Geburten, Todesfälle und Fertilitätsindikatoren, aber auch andere Meßgrößen zum generativen Verhalten wurden für die Philippinen im *Area Fertility Survey 1978* (AFS 78), im *National Demographic Survey 1978* (NDS 78) und im *NDS 83*, sowie im philippinischen Teil des *World Fertility Survey*, dem *Republic of the Philippines Fertility Survey 1978* (RPFS 78) erhoben. Das Datenmaterial aus dem AFS 78 sowie aus den NDS 78 und 83 liefert eine ideale Ergänzung zu den Zensusdaten 1980, wobei die Vorauswertung des NDS 83[4] den Vorteil der Aktualität hat, der AFS 78 jedoch tieferen Einblick in regionale Differenzierungen gewährt. Während im NDS eine Grobeinteilung in die drei Hauptinselgruppen Visayas, Luzon und Mindanao eine regionale Datenauswertung kaum zuläßt, bietet der AFS 78 - der speziell unter dem Gesichtspunkt der "Messung" des Erfolges der Familienplanungsprogramme erstellt wurde - eine regionale Differenzierung für fünf strukturell verschiedene Regionen.[5] Die erhobenen Werte eignen sich insofern für eine exemplarische Behandlung zur Verdeutlichung nationaler Trends, als im AFS 78 44% der Bevölkerung des Jahres 1975 erfaßt wurden und als sich in den fünf Regionen verschiedene sozio-ökonomische Entwicklungstypen widerspiegeln.[6] Es wurden hier untersucht: die urban-industrielle Metropole (Metro Manila), eine hochrangige urbane Landwirtschaftsregion (Central Luzon), eine landwirtschaftliche Zone mit dominierender Agroindustrie (Southern Mindanao), eine Region traditioneller Plantagenwirtschaft mit geringem Modernisierungsgrad (Western Visayas) und eine Region traditioneller Subsistenzwirtschaft (Northern Mindanao). Für die Analyse des generativen Entscheidungsverhaltens und der Verhütungspraxis wurden besonders die Vorauswertung des NDS 83 und die Ergebnisse des RPFS 78 herangezogen, die beide auf einem ähnlichen Fragenkomplex für die statistische Erhebung beruhen. Es wurden hier vor allem auch biologische Variablen der Fertilitätsentwicklung und Verhaltensvariablen berücksichtigt; die Natur dieses Datenmaterials erlaubt Rückschlüsse auf aktuelle nationale Trends. Neueste demographische Daten stammen aus *World Population Prospects 1984*, einer Sammlung jüngster Schätzungen und Projektionen der UNO.

Besondere Betonung wurde auf die Auswertung von Daten, die als Fertilitätsindikatoren gelten, gelegt. Hier konnte etwa bezüglich der TFR (Total Fertility Rate) auf eine fundierte Studie der UNO aus dem Jahr 1985, die Schätzwerte auf Provinzbasis bringt, zurückgegriffen werden.[7] Als Vergleichswerte wurden eigene Berechnungen aus Zensusergebnissen für 1980 erstellt, die die Resultate aus den Schätzungen weiter untermauern und in denen sich vor allem noch einmal die regional unterschiedlichen Strukturmuster widerspiegeln.[8]

3 Die Bevölkerungsentwicklung der Philippinen in einer globalen Perspektive

Die globale Bevölkerungsentwicklung ist seit den fünfziger Jahren durch eine wachsende Dichotomie zwischen Entwicklungsländern und Industrieländern[9] gekennzeichnet. Während die modernen Industriestaaten eine Entwicklung zum stagnierenden Bevölkerungswachstum durchmachten, waren die Entwicklungsländer lange durch rapides Bevölkerungswachstum geprägt. Das bestehende Nord-Süd-Gefälle wird somit um eine Dimension bereichert, globale Konflikte möglicherweise verschärft. Derartige Überlegungen haben nicht nur zum Überdenken der Weltwirtschaftsordnung angeregt, sondern auch die Bevölkerungspolitiker auf den Plan gerufen und Bemühungen zu einer internationalen Koordination im Bereich der Bevölkerungspolitik ausgelöst.

Ziel der erstellten politischen Maßnahmenkataloge ist die Erreichung des Ersatzfruchtbarkeitsniveaus und damit der Übergang zum Nullwachstum in den betroffenen Ländern. Das Tempo, in dem die Wachstumsraten in den einzelnen Ländern sinken, ist entscheidend für die Herstellung der Balance in der globalen Bevölkerungsverteilung. Theorien zur weltweiten demographischen Entwicklung spielen oft mit dem Gedanken, das stagnierende Bevölkerungswachstum auf globaler Ebene zu erreichen. Die Bedeutung des zeitlichen Elements für derartige globale Bevölkerungsentwicklungen tritt in Projektionen, die unterschiedliche Varianten für die zeitliche Erreichung solcher bevölkerungspolitischer Ziele annehmen, besonders hervor. Abbildung 2 veranschaulicht, in welchem Ausmaß das Gleichgewicht zwischen Entwicklungs- und Industrieländern in der Bevölkerungsentwicklung vom Tempo der bevölkerungsdynamischen Vorgänge bestimmt wird. Wenn die globale Ersatzfruchtbarkeit bereits 1970/75 verwirklicht gewesen wäre, hätten sich die Wachstumskurven der Entwicklungs- und Industrieländer bis zum Jahr 2000 nahezu vollständig einander angeglichen. Würde die globale Ersatzfruchtbarkeit jedoch zum Beispiel erst im Jahr 2040 erreicht, so wird sich der Bevölkerungsdruck in den Ländern der Dritten Welt im Vergleich zu den Industrieländern bis dahin enorm verstärken.

Einige Entwicklungsländer - darunter auch die Philippinen - streben daher, soweit dies als realistische Möglichkeit erachtet wird, die Erreichung des Ersatzfruchtbarkeitsniveaus bis zum Jahr 2000 an. Die Erfahrung zeigt jedoch, daß dieses Entwicklungsziel kaum zu verwirklichen ist. Die Bevölkerungsprojektionen des Population Council der USA (Country Prospects, 1974) unterstreichen, daß zur Erreichung des Nullwachstums noch in diesem Jahrhundert sogar in den meisten Industrieländern ein Fertilitätsrückgang bis unter das Ersatzfruchtbar-

Abbildung 2:
Relative Bevölkerungsentwicklung in Entwicklungs- und Industrieländern, Index 1970 = 100, 1970-2150

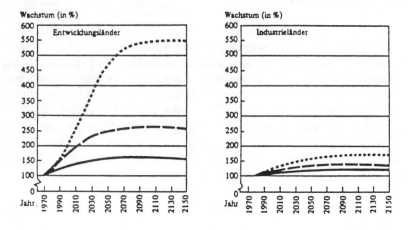

Projektionen unter verschiedenen Annahmen für den Zeitpunkt, zudem die globale Ersatzfruchtbarkeit verwirklicht wäre: ———— 1970/75   — — — 2000/2005   •••••••• 2040/2045

Quelle: Hauser 1982, S.211.

Tabelle 2:
Bevölkerungsprojektion ausgewählter Entwicklungsländer bis zum Jahr 2040 im Vergleich

Region / Land	Bevölkerung 1970	Bevölkerungsgröße im Jahre 2050, wenn die Fruchtbarkeit das Ersatzniveau in folgenden Jahren erreicht		
		1980	2000	2040
Industrieländer	1.122	1.482	1.610	1.853
Entwicklungsländer	2.530	4.763	6.525	11.591
Welt total	3.652	6.245	8.135	13.444
China	734	1.270	1.622	2.584
Indien	534	1.002	1.366	2.432
Brasilien	94	192	266	459
Bangladesh	69	155	240	528
Nigeria	65	135	198	423
Pakistan	57	112	160	311
Mexiko	51	111	168	335
Philippinen	38	79	119	240
Ägypten	34	64	92	176

Quelle: Hauser 1982, S.210.

Tabelle 3:
Bevölkerungsanteil in Prozent und jährliche Wachstumsrate der Großregionen der Erde, mittlere Variante, 1950 - 2025

Jahr	Welt	Afrika	Latein-Amerika	Nord-Amerika	Ost-Asien	Süd-Asien	Europa	Ozeanien	UdSSR
				Prozent					
1950	100,0	8,9	6,6	6,6	26,7	28,0	15,6	0,5	7,2
1960	100,0	9,3	7,2	6,6	26,2	29,0	14,1	0,5	7,1
1970	100,0	9,8	7,7	6,1	26,7	30,2	12,4	0,5	6,6
1980	100,0	10,8	8,1	5,7	26,4	31,6	10,9	0,5	6,0
1985	100,0	11,5	8,4	5,5	25,8	32,4	10,2	0,5	5,8
1990	100,0	12,3	8,6	5,2	25,2	33,1	9,5	0,5	5,6
2000	100,0	14,2	8,9	4,9	24,1	33,9	8,4	0,5	5,1
2010	100,0	16,6	9,2	4,5	22,7	34,3	7,4	0,5	4,8
2020	100,0	18,8	9,4	4,3	21,5	34,3	6,7	0,5	4,6
2025	100,0	19,7	9,5	4,2	21,0	34,3	6,4	0,5	4,5
			Durchschnittliche jährliche Wachstumsrate						
1950-55	1,79	2,12	2,73	1,80	1,75	2,04	0,79	2,25	1,71
1960-65	1,99	2,45	2,78	1,49	1,98	2,38	0,91	2,08	1,49
1970-75	1,97	2,72	2,51	1,95	2,11	2,49	9,64	1.78	0,95
1980-85	1,67	2,92	2,27	0,90	1,22	2,16	0,30	1,51	0,96
1990-95	1,58	3,02	2,00	0,81	1,11	1,88	0,28	1,33	0,79
2000-05	1,38	2,91	1,68	0,65	0,84	1,51	0,17	1,10	0,70
2010-15	1,18	2,53	1,42	0,63	0,57	1,23	0,07	0,93	0,64
2020-25	0,96	1,93	1,15	0,49	0,50	0,93	0,04	0,73	0,56

Quelle: UNO, World Population Prospects 1984 (UN-ESA 1986).

keitsniveau nötig wäre. Die Annahme eines derartig rapiden Sinkens der Wachstumsraten ist jedoch für die weniger entwickelten Länder vollkommen unrealistisch, da demographische Prozesse in der Regel Jahrzehnte in Anspruch nehmen (vgl. auch Kap. 4.5).

Aus neueren Projektionen der UNO (World Population Prospects, as Assessed in 1984, UN-ESA 1986) geht hervor, daß auf dem asiatischen Kontinent trotz sinkender Wachstumsraten weiterhin eine besondere bevölkerungsmäßige Belastung zu erwarten ist. Die Gegenüberstellung der Verteilung der Weltbevölkerung im Jahr 1950 und der zu erwartenden Situation im Jahr 2025 (vgl. Abb. 3) illustriert nochmals die dramatischen Verschiebungen in den Anteilen der Großregionen der Erde. Besonders interessant ist die zu erwartende prozentuale Bevölkerungsverlagerung innerhalb Asiens, d.h. das verstärkte Anwachsen der südasiatischen gegenüber der ostasiatischen Bevölkerung.

Vergleicht man nun die demographische Situation der Philippinen mit jener anderer Entwicklungsländer, so kann man feststellen, daß diese bezüglich der Fertilitätsentwicklung eine Mittelstellung einnehmen. Zusammen mit Indien, Ägypten, Mexiko, Brasilien sowie mit Malaysia, Indonesien und Thailand als weitere südostasiatische Länder gehören die Philippinen zur Gruppe jener Entwicklungsländer, die ab 1970/75 einen raschen Abfall der Geburtenraten zu verzeichnen hatten. Generell ist die Bevölkerungsentwicklung in ganz Südostasien nicht so drastisch wie in den anderen asiatischen Teilregionen. Weder kam es hier zu einem derart massiven Fruchtbarkeitsrückgang wie in Ostasien (z.B. Japan, China, Hongkong, Korea), noch besteht hier eine nahezu unverändert hohe Fertilität wie etwa in Süd- und Westasien (z.B. Bangladesh, Pakistan, Iran, Afghanistan). Innerhalb der südostasiatischen Staaten liegen die Philippinen, was die Entwicklung der Geburtenrate und der Gesamtfruchtbarkeitsrate betrifft, allerdings eher an der Spitze (vgl. Tab. 4).

Abbildung 3:
Veränderung der prozentualen Bevölkerungsanteile der Großregionen der Erde 1950-2025

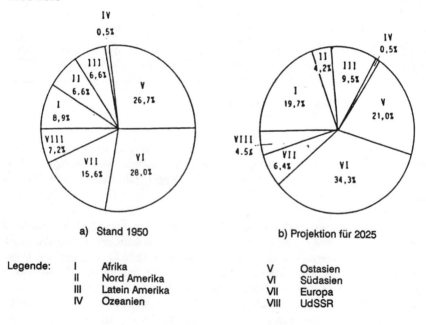

Legende: I   Afrika   V   Ostasien
          II Nord Amerika   VI   Südasien
          III Latein Amerika VII Europa
          IV Ozeanien   VIII UdSSR

Entwurf nach: UNO World Population Prospects, Estimates and Projections as Assessed in 1984 (UN-ESA 1986).

Globale Perspektive

Tabelle 4:
Die Entwicklung der rohen Geburtenrate und der totalen Fruchtbarkeitsrate im asiatischen Raum im Vergleich zu ausgewählten Entwicklungsländern anderer Regionen sowie zur Weltsituation, 1960 - 1988

	rohe Geburtenrate				totale Fruchtbarkeitsrate			
	1960 -65	1970 -75	1980 -85	1988*	1960 -65	1970 -75	1980 -85	1988*
Welt	35,3	31,6	27,1	28,0	4,95	4,44	3,52	3,6
Industrieländer	20,3	17,0	15,5	15,0	2,66	2,17	1,97	1,9
Entwicklungsländer	41,9	37,2	31,0	31,0	6,07	5,40	4,06	4,1
Ägypten	45,4	38,4	36,6	38,0	7,07	5,53	4,82	5,3
Brasilien	42,1	33,6	30,6	28,0	6,15	4,69	3,81	3,4
Mexiko	46,7	44,2	37,6	30,0	6,74	6,40	4,61	4,0
Westasien	43,6	40,7	36,8	37,0	6,35	6,02	5,44	5,5
Südasien	43,4	40,1	34,7	35,0	6,07	5,73	4,72	4,8
Indien	42,0	38,2	31,7	33,0	5,81	5,43	4,30	4,3
Pakistan	48,4	44,1	43,0	43,0	7,15	6,74	5,84	6,6
Bangladesh	46,7	48,5	44,8	48,0	6,68	7,02	6,15	6,7
Südostasien	42,5	38,7	31,6	31,0	6,03	5,43	4,11	3,0
Philippinen	43,6	34,9	32,3	35,0	6,57	5,02	4,20	4,7
Thailand	43,5	35,1	28,0	29,0	6,42	5,01	3,52	3,5
Indonesien	42,9	41,4	32,1	27,0	5,42	5,53	4,10	3,3
Malaysia	43,2	34,7	30,9	31,0	6,69	5,13	3,01	3,9
Ostasien	35,5	29,4	18,8	20,0	5,32	4,37	2,34	2,3
VR China	37,8	30,6	19,0	21,0	5,90	4,70	2,36	2,4

* Die Werte für 1988 eignen sich eher für die regionale Einordnung als für den zeitlichen Vergleich, da sie einer anderen Quelle entstammen, die Daten nach den Angaben der einzelnen Länder veröffentlichte.

Quellen: UNO, Consistent Estimates and Projections of Crude Birth Rates and Total Fertility Rates 1982 (UN-ESA 1985); Population Reference Bureau Inc., World Population Data Sheet 1988.

4 Die natürlichen Komponenten des Bevölkerungswachstums der Philippinen in ihrer regionalen Differenzierung

4.1 Die aktuelle Bevölkerungsdichte und die Entwicklung des Bevölkerungswachstums seit den fünfziger Jahren

Die negativen Auswirkungen raschen Bevölkerungswachstums machen sich auf den Philippinen durch die hier herrschende relativ hohe Bevölkerungsdichte besonders unangenehm bemerkbar. Der Dichtewert von 160 Einwohnern pro km^2 im Jahr 1980 ist, verglichen mit anderen südostasiatischen Staaten wie etwa Thailand (82 Ew/km^2) und Malaysia (37 Ew/km^2), die ansonsten ein ähnliches demographisches Entwicklungsmuster aufweisen, beachtlich. Bedenkt man, daß der Dichtewert der Philippinen sich seit den sechziger Jahren beinahe verdoppelt hat, so erscheint die Situation noch bedenklicher.

Neben der Hauptstadtregion Metro Manila weisen die anschließende Region Central Luzon und in dichter Folge die Regionen Central und Western Visayas die höchste Bevölkerungsdichte auf. Die geringsten Werte verzeichnen seit den sechziger Jahren die Regionen Cagayan Valley und Northern Mindanao (vgl. Tab. 5). Wie aus Karte 2 ersichtlich, erstrecken sich die Provinzen mit der geringsten Bevölkerungsdichte an der Nord- und Südspitze der Inselgruppe, jene mit hoher Bevölkerungsdichte konzentrieren sich um die Hauptstadtregion sowie um andere größere Regionalzentren wie etwa Iloilo City und Cebu City (vgl. Tab. A1 im Anhang).

Tabelle 5:
Bevölkerungsdichte und Landanteil in Prozent nach Regionen, 1960 - 1980

Region		Bevölkerungsdichte			%
		1960	1970	1980	Landanteil
Philippinen		90,3	122,3	160,3	100,0
National capital region		3.888,1	6.236,9	9.317,4	0,22
I	Ilocos	112,6	138,7	164,2	7,19
II	Cagayan Valley	33,0	46,5	60,9	12,13
III	Central Luzon	136,8	195,5	263,4	6,09
IV	Southern Tagalog	66,1	96,4	130,4	15,64
V	Bicol	134,0	168,3	197,2	5,88
VI	Western Visayas	152,2	178,9	223,8	6,74
VII	Central Visayas	168,7	202,8	253,3	4,98
VIII	Eastern Visayas	95,2	111,1	130,6	7,14
IX	Western Mindanao	72,3	100,0	135,3	6,23
X	Northern Mindanao	51,6	78,1	97,4	9,44
XI	Southern Mindanao	37,5	61,3	105,6	10,56
XII	Central Mindanao	59,4	83,3	97,5	7,76

Quelle: Perez, A. 1985; NCSO Philippines, *Census of Population and Housing 1980*.

Karte 2:
Bevölkerungsdichte 1980 nach Provinzen

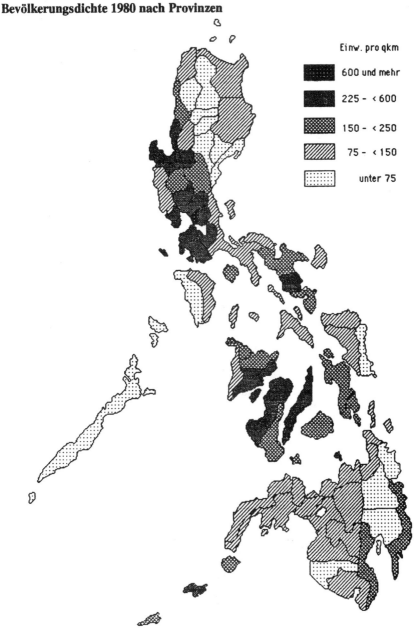

Entwurf nach Daten aus Tab. A1 im Anhang.

Die Entwicklung der Bevölkerungsdifferenzrate (= durchschnittliche jährliche Wachstumsrate der Bevölkerung zwischen zwei Zeitpunkten) ist auf den Philippinen besonders aufschlußreich für Untersuchungen zum natürlichen Bevölkerungswachstum, da dieses kaum durch internationale Migrationsströme beeinflußt wird, sondern hauptsächlich von der Entwicklung der Mortalität und der Fertilität abhängt. Gewisse regionale Wachstumstrends sind jedoch selbstverständlich durch die interregionale Migration mitverursacht. Auf nationaler Ebene sank die Bevölkerungsdifferenzrate, die sich in den fünfziger Jahren noch auf 3,1 Prozent belief und zwischen 1960 und 1970 in der Höhe von 3 Prozent schwebte, bis sie in den siebziger Jahren auf 2,7 Prozent fiel. Man kann also von einem stetigen, aber eher geringen Rückgang des Bevölkerungswachstums sprechen. Der Zeitraum, innerhalb dessen sich die Bevölkerung bei konstanten Wachstumsraten verdoppeln würde, hat sich dadurch von unter 23 Jahren bei einer Zuwachsgröße wie in den fünfziger Jahren auf 25 Jahre bei der Zuwachsrate von 1970 und den Folgejahren erhöht; für die achtziger Jahre liegt der Verdoppelungszeitraum unter Annahme des Wachstumsniveaus von 1983-84 bei 28 Jahren.

Die regionale Differenzierung der Bevölkerungsdifferenzrate zeigt im zeitlichen Verlauf ein unterschiedliches Muster. Metro Manila verzeichnet seit 1950 hohe, aber kontinuierlich sinkende Wachstumsraten; ebenso weisen die Regionen Cagayan Valley, Bicol sowie Western und Central Mindanao stetig sinkende Wachstumsraten auf. In den Regionen Ilocos und Northern Mindanao stiegen diese Werte bis in die sechziger Jahre an, um dann unter das Niveau von 1950 abzufallen, während sich der Wachstumsprozeß in den Regionen Central Luzon und Southern Tagalog erst zwischen 1960 und 1970 verlangsamte. Einen Anstieg der durchschnittlichen jährlichen Bevölkerungszunahme in allen Perioden findet man in Central und Eastern Visayas; in Western Visayas sowie in Southern Mindanao fielen die Werte zwischen 1950 und 1970 ab, um nach 1970 wieder anzusteigen. Die noch um 1980 und in den darauffolgenden Jahren enorm hohe Zuwachsrate in Southern Mindanao dürfte jedoch hauptsächlich durch Neuansiedlungen in dieser Region zustandegekommen sein (vgl. Concepcion 1985, S.17). Der stärkste Wachstumsrückgang fand in Central Mindanao statt: Zwischen 1950 und 1970 ist der jährliche Zuwachs hier um Dreiviertel gesunken.

Die Situation 1980 (vgl. Karte 3; Tab. A2 im Anhang) ist sowohl durch extreme Wachstumspole in bestimmten Regionen wie etwa Metro Manila, Rizal Province und Bataan in Central Luzon, Agusan del Sur und Bukidnon in Northern Mindanao sowie Davao del Norte und South Cotabato in Southern Mindanao gekennzeichnet als auch durch eine Konzentration jener Provinzen mit mäßigen Wachstumsraten im zentral gelegenen Teil der Inselgruppe. Ziemlich hohe Werte findet man außerdem noch auf der etwas abseits gelegenen Insel Palawan und in Occidental Mindoro in Southern Tagalog; die abgeschiedenen Inselchen von

Aktuelle Bevölkerungsdichte 27

Tabelle 6:
Bevölkerungswachstum absolut und relativ 1948-1980 und Verdoppelungszeitraum unter Beibehaltung der Wachstumsraten von 1983-1984 nach Regionen

Region		1.Okt. 1948	15.Febr. 1960	6.Mai 1970	1.Mai 1980
Philippinen		19.234.182	27.087.685	36.684.486	48.098.460
NCR Metro Manila		983.906	2.472.829	3.952.615	5.925.884
I	Ilocos	1.944.248[a]	2.427.581[a]	2.990.561[a]	3.540.893
II	Cagayan Valley	775.042	1.202.066	1.691.459	2.215.522
III	Central Luzon	1.854.189	2.493.145	3.564.519	4.802.793
IV	Southern Tagalog	2.652.419	3.103.120	4.522.065	6.118.620
V	Bicol	1.666.459	2.362.707	2.966.881	3.476.982
VI	Western Visayas	2.530.517	3.078.305	3.618.326	4.525.615
VII	Central Visayas	2.119.975	2.522.802	3.032.719	3.787.374
VIII	Eastern Visayas	1.764.103	2.040.966	2.381.409	2.799.534
IX	Western Mindanao	762.767	1.350.731	1.869.014	2.528.506
X	Northern Mindanao	1.032.116	1.462.361	2.211.415	2.758.985
XI	Southern Mindanao	467.714[b]	1.187.782[b]	1.942.046[b]	3.346.803
XII	Central Mindanao	680.727[c]	1.383.290[c]	1.941.457[c]	2.270.949

Region		durchschnittl. jährliche Bevölkerungswachstumsrate			Bevölk. 1.7.1984[d] (geschätzt)	% Zunahme 1983 -84[d]	Verdoppel.- zeitraum unter 1983-84 Wachstumsrate
		1948 -60	1960 -70	1970 -80			
Philippinen		3,06	3,01	2,75	5.351.220	2,49	28
NCR Metro Manila		8,44	4,70	4,13	6.739.525	3,05	23
I	Ilocos	1,97	2,06	1,70	3.827.827	1,96	35
II	Cagayan Valley	3,93	3,40	2,74	2.459.275	2,52	28
III	Central Luzon	2,64	3,56	3,03	5.324.716	2,48	28
IV	Southern Tagalog	1,39	3,75	3,06	6.594.570	2,85	24
V	Bicol	3,12	2,25	1,60	3.832.139	2,35	29
VI	Western Visayas	1,74	1,59	2,26	4.978.637	2,31	30
VII	Central Visayas	1,54	1,82	2,25	4.112.718	2,01	34
VIII	Eastern Visayas	1,29	1,52	1,63	3.017.721	1,83	38
IX	Western Mindanao	5,15	3,23	3,07	2.798.151	2,34	30
X	Northern Mindanao	3,11	4,13	2,24	3.094.431	2,74	25
XI	Southern Mindanao	8,54	4,93	5,59	3.739.887	2,61	27
XII	Central Mindanao	6,43	3,37	1,58	2.531.602	2,64	26

a Einschließlich Pangasinan, das bis 1970 zu Central Luzon gehörte.
b Ohne Surigao del Sur, das zwischen 1970 und 1975 zu Southern Mindanao fiel.
c War vor 1975 keine eigene Region.
d Daten der NEDA/NCSO 1983, Revised Population Projections for the Philippines and Its Regions 1980-2030.

Quelle: Concepcion 1985; NCSO Philippines, *Census of Population and Housing 1980*.

Karte 3:
Durchschnittliche jährliche Wachstumsrate der Bevölkerung 1970-1980 nach Provinzen

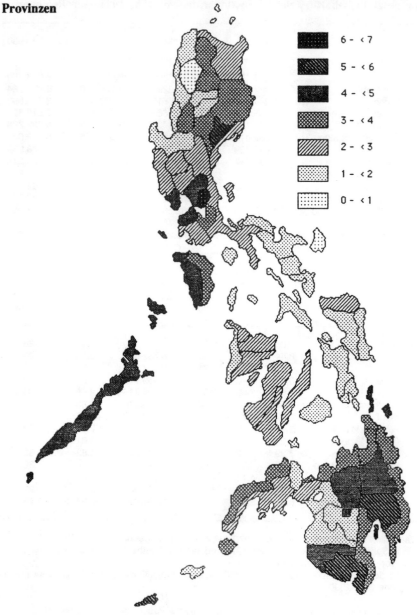

Entwurf nach Daten aus Tab. A2 im Anhang.

Batanes sowie Catanduanes und Camiguin zeigen die geringsten durchschnittlichen jährlichen Wachstumsraten. Bei der Interpretation der regionalen Differenzierung dieser Meßgröße ist allerdings zu beachten, daß sie einerseits durch die Anzahl der Geburten und Todesfälle, andererseits durch die Migration beeinflußt wird und zeitliche Schwankungen also nicht allein auf das natürliche Bevölkerungswachstum zurückzuführen sind.

Aufschluß darüber gibt die natürliche Zuwachsrate der Bevölkerung. In Projektionen philippinischer Demographen für diesen Wert bis zum Jahr 2000[10] wird der stärkste Zuwachs für die Hauptstadtregion Metro Manila, der geringste für die Region Bicol angenommen (vgl. Concepcion 1985, S.36). Dies scheint angesichts der gegenwärtigen Mortalitäts- und Fertilitätsverhältnisse in diesen beiden Regionen recht plausibel. Ob sich allerdings auch die Hoffnung auf ein Einpendeln der natürlichen Zuwachsrate auf ein überregional nahezu einheitliches Niveau zwischen 1,7 und 1,8 erfüllen wird, ist fraglich.

4.2 Die Alters- und Geschlechtsstruktur in ihrer zeitlichen Veränderung

Die Bevölkerungsdynamik wird zu einem bedeutenden Ausmaß von der Struktur und Veränderung der direkten demographischen Variablen (Fertilität, Mortalität, Migration) beeinflußt. Der Altersaufbau und die Geschlechterproportion in ihrer zeitlichen Veränderung beeinflussen diese direkten Variablen entscheidend, woraus sich wiederum ein wechselseitiger Zusammenhang dieser Größe ergibt.[11] Man spricht in diesem Zusammenhang von der im Altersaufbau versteckten Eigendynamik, die die Dimension des Bevölkerungswachstums mitbestimmt (vgl. Abb. 4, Pfeil i). Die bevölkerungspolitische Planung muß daher mit einer Analyse dieser grundlegenden Strukturkomponenten beginnen, um sozusagen an der Basis des komplizierten Mechanismus, den sie zu steuern versucht, anzusetzen.

Betrachtet man nun die Geschlechterproportion der Philippinen im zeitlichen Verlauf, so zeigt diese eine allgemein eher ansteigende Tendenz. Einem Wert von 100,1 (= Anzahl der Männer pro 100 Frauen: Männerquote) im Jahr 1903 stehen die Werte 100,7 im Jahr 1948 und 101,6 im Jahr 1960 gegenüber. Der extreme Abfall der Männerquote im Jahr 1970 auf einen Wert von 99,0 - der hier also zum erstenmal in der gesamten Zensusgeschichte auftrat - ist daher unglaubwürdig. Höchstwahrscheinlich ist die so in der Statistik registrierte Geschlechterproportion auf eine relative Untererfassung der Männer bzw. Übererfassung der Frauen im Zensus 1970 zurückzuführen. Bereits das Ergebnis der Erhebung von 1975 zeigt einen bedeutend höheren Wert, im Jahr 1980 liegt die Männerquote schließlich in der Höhe von 100,7 (vgl. Tab. 7), was ziemlich realistisch ist.

Abbildung 4:
Blockschema zur Verdeutlichung der "mechanistischen" Zusammenhänge zwischen Alters-/Geschlechtsaufbau, demographischen Variablen und Bevölkerungswachstum nach Hauser

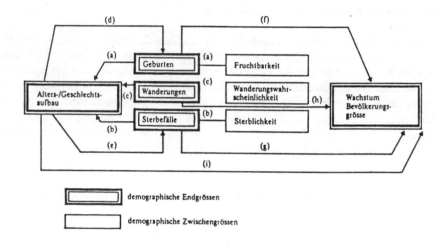

Quelle: Hauser 1982, S.158.

Die Analyse der Geschlechtsstruktur im Zusammenhang mit dem Altersaufbau ergibt die zu erwartende Abnahme der Männerquote in den höheren Altersgruppen. Atypisch ist allerdings der stärkere Männeranteil in der Gruppe der Dreißig- bis Vierundvierzigjährigen. Auch hier muß man Erhebungsungenauigkeiten, die möglicherweise durch die hohe Mobilität der Männer in diesem Alter - aber vielleicht auch durch ungenaue Altersangaben - zustandegekommen sind, annehmen.

Bei der Betrachtung der einzelnen Regionen fällt die zahlenmäßige Dominanz der Frauen in Metro Manila, Ilocos (Region I), Central Luzon (Region III) sowie Western Visayas (Region VI) und Central Visayas (Region VII) auf. Der Frauenüberschuß in Metro Manila und in den südlichen Provinzen von Central Luzon ist durch die extreme weibliche Zuwanderung in diese Gebiete zustandegekommen. Es handelt sich hier vor allem um jüngere Frauen, die die besseren Ausbildungs- und Arbeitsplatzchancen der Hauptstadtregion und der angrenzenden Provinzen wahrnehmen. Im Jahr 1970 gaben zum Beispiel 28 Prozent der Frauen im Alter von 15 bis 29 Jahren aus Metro Manila und der Provinz Rizal

Alters- und Geschlechtsstruktur

an, ihren Wohnsitz vor 5 Jahren in einer anderen Region gehabt zu haben. Einen Überhang der Männer zeigen die Regionen Cagayan Valley (Region II), Eastern Visayas (Region VIII) und Southern Mindanao (Region XI). Ebenfalls relativ hoch ist die Männerquote in Northern Mindanao (Region X) und Bicol (Region V). Außer in Eastern Visayas, das seit 1960 durch stärkere weibliche Abwanderung geprägt wurde, kommt das Geschlechterverhältnis dieser Regionen durch männlich dominierte Zuwanderung zustande.[12]

Tabelle 7:
Geschlechterproportion der philippinischen Bevölkerung nach Regionen, 1960 - 1980

Region / Provinz	Männerquote (= Anzahl der Männer pro 100 Frauen)			
	1960	1970	1975	1980
Philippinen	101,8	99,0	102,3	100,7
NCR-Metro Manila	94,1	94,0	95,7	93,0
Region I	98,3	96,8	100,3	98,8
Region II	103,3	101,9	105,1	103,9
Region III	100,2	98,1	102,0	100,5
Region IV	102,4	99,4	103,5	102,4
Region V	104,5	101,6	104,4	103,2
Region VI	100,9	96,7	101,6	100,3
Region VII	97,6	96,1	100,1	98,8
Region VIII	102,7	101,4	104,5	103,5
Region IX	106,8	99,6	104,6	102,8
Region X	104,4	101,7	104,8	103,3
Region XI	110,6	104,6	106,7	104,7
Region XII	112,0	104,0	106,0	102,4

Quelle: Philippine Statistical Yearbook 1986; NCSO Philippines, *Census of Housing and Population 1980*.

Der Altersaufbau der philippinischen Bevölkerung zeigt das für ein Entwicklungsland typische Erscheinungsbild. Die Alterspyramide weist tatsächlich Pyramidenform auf, was auf eine stetig wachsende Bevölkerung hinweist; einer hohen Anzahl von Kindern und Jugendlichen stehen die mit zunehmendem Alter proportional sinkenden Anteile der Älteren gegenüber. Im zeitlichen Verlauf zeigt die Altersstruktur seit der Jahrhundertwende keine nennenswerten Veränderungen (vgl. Abb. 5). Das mittlere Alter der Bevölkerung ist von 20,2 im Jahr 1903 auf 16,9 im Jahr 1970 abgefallen, stieg aber daraufhin wieder an und betrug im Jahr 1980 18,6 Jahre (Concepcion 1985, S.2).

Tabelle 8:
Die Geschlechterproportion, differenziert nach Altersgruppen, 1970 und 1980

Altersgruppe	Prozent der Gesamtbevölkerung		Männerqoute	
	1970	1980	1970	1980
Total	100,0	100,0	99	101
0 - 4	15,9	15,9	103	105
5 - 9	16,1	13,7	104	106
10 - 14	13,7	12,4	103	104
15 - 19	11,1	10,9	95	96
20 - 24	8,6	9,5	94	93
25 - 29	6,7	8,0	94	99
30 - 34	5,7	6,2	95	103
35 - 39	5,2	5,0	98	103
40 - 44	4,0	4,3	97	101
45 - 49	3,5	3,5	95	99
50 - 54	2,8	2,9	98	97
55 - 59	2,2	2,3	100	93
60 - 64	1,7	1,9	103	95
65 - 69	1,0	1,5	97	95
70 +	1,8	1,9	95	94

Quelle: Indirect Estimates of Fertility for Small Geographic Areas in the Philippines, UN-ESCAP 1985.

Die Belastung der philippinischen Wirtschaft durch die nicht erwerbsfähige Bevölkerung ist allerdings ständig gestiegen. Machte der Anteil der noch nicht Erwerbsfähigen (= Bevölkerung unter 15 Jahren) an der Gesamtbevölkerung 1903 noch 39,5 Prozent aus und der Anteil der nicht mehr Erwerbsfähigen (= Bevölkerung im Alter von 65 und darüber) 3,3 Prozent, so standen diese Werte im Jahr 1980 bereits bei 42 Prozent bzw. 3,4 Prozent. Dazu muß gesagt werden, daß seit 1970 ein relativer Anstieg der älteren und ein relativer Abfall der jüngeren Bevölkerung zu verzeichnen ist. Nach Schätzungen für 1988 nimmt der Anteil der noch nicht Erwerbsfähigen 39 Prozent, jener der nicht mehr Erwerbsfähigen 3 Prozent ein.

Bezieht man nun die sozusagen wirtschaftlich abhängige Bevölkerung auf die Erwerbsfähigen, so erhält man ein leichter überschaubares Bild der demographischen Belastung, die sich aus der Altersstruktur ergibt. Die demographische Belastungsquote stieg seit 1903 von einem Wert von 75,0 auf 94,3 im Jahr 1970 an und fiel bis 1980 wieder auf 83,3. Die Kinderbelastungsquote zeigt im zeitli-

Alters- und Geschlechtsstruktur 33

chen Verlauf seit der Jahrhundertwende ansteigende Tendenz - erst seit dem Jahr 1970 sank sie leicht ab. Die Altenbelastungsquote hingegen unterlag ständigen Schwankungen, ab 1960 machte sich ein stetiger Anstieg bemerkbar.

Abbildung 5:
Die Alters- und Geschlechtsstruktur der Bevölkerung 1903 und 1948 im Vergleich

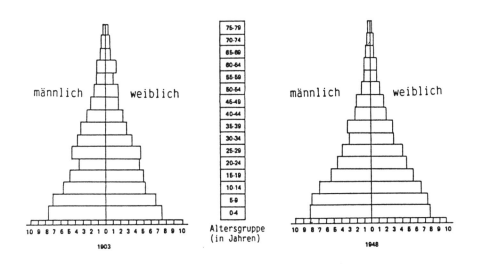

Quelle: Population of the Philippines, UN-ESCAP 1978, S.37.

Abbildung 6:
Alters- und Geschlechtsstruktur der Bevölkerung, urban-rural, Philippinen gesamt 1980

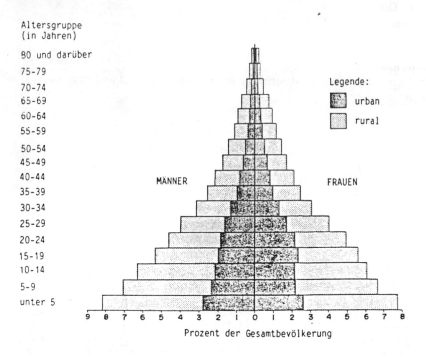

Quelle: NCSO Philippines, *Census of Population and Housing 1980*.

Aus der Gegenüberstellung der regionalen Unterschiede in der Altersstruktur läßt sich eine hohe demographische Belastung für die Regionen Bicol, Central Mindanao, Eastern Visayas und Western Visayas ablesen. Metro Manila, das seit Jahrzehnten ein Zuwanderungszentrum für Arbeitssuchende ist, zeigt naturgemäß die niedrigsten Belastungsquoten (vgl. Tab. 9).

In diesem Zusammenhang ist auch der Kleinkinderanteil (= Kinder im Alter von 0 bis 4 Jahren) an der Gesamtbevölkerung interessant. Er stellt bezüglich des Altersaufbaues auch den einzigen Wert dar, der auf Provinzbasis vorhanden ist; eine kurze Besprechung scheint daher hier angebracht. Vergleiche zwischen 1970 und 1980 lassen sich nur mit Vorsicht anstellen, da im Zensus 1980 aufgrund der etwas einseitigen Auswertung der Fragebögen (20 Prozent Auswahl mit Bevor-

Alters- und Geschlechtsstruktur

zugung junger Haushalte) der Kleinkinderanteil zu hoch wiedergegeben sein dürfte. In der Regionalanalyse für 1980 stechen die hohen Werte der Regionen Bicol (17,2%), Northern Mindanao (16,6%) und Southern Mindanao (17,3%) hervor. Diese Regionen sind auch durch hohe Geburtenraten gekennzeichnet (vgl. Kap. 4.4.2, Tab. A3 im Anhang).

Tabelle 9:
Kinderbelastungsquote, Altenbelastungsquote und demographische Belastungsquote nach Regionen 1970 und 1980*

Region		Kinder-belastungsquote[a] 1970	1980	Alten-belastungsquote[b] 1970	1980	Demographische Belastungsquote[c] 1970	1980
Philippinen		85,8	77,6	5,5	6,2	94,3	83,3
I	Ilocos	81,2	75,3	9,4	10,1	90,6	85,4
II	Cagayan Valley	97,2	80,5	5,5	6,2	102,7	86,7
III	Central Luzon	88,0	79,9	6,2	6,6	94,2	86,5
IV	Southern Tagalog	89,6	77,4	5,7	6,6	95,3	84,0
V	Bicol	102,0	90,5	6,1	7,1	107,6	161,1
VI	Western Visayas	88,8	78,5	6,5	7,6	95,3	84,0
VII	Central Visayas	86,4	74,3	7,4	8,8	93,8	83,0
VIII	Eastern Visayas	97,3	85,7	6,7	7,8	104,0	93,5
IX	Western Mindanao	95,0	86,4	3,4	3,8	98,4	90,3
X	Northern Mindanao	95,0	85,4	3,4	4,9	98,4	87,2
XI	Southern Mindanao	95,0	82,6	3,4	4,0	98,4	86,9
XII	Central Mindanao	-	89,9	-	3,2	-	103,2
XIII	NCR - Metro Manila	76,9	73,9	3,4	3,8	80,3	77,8

* Die Vergleichbarkeit der Daten von 1970 und 1980 ist durch Änderungen der Regionsgrenzen teilweise beeinträchtigt.
a Anzahl der Kinder von 0-14 Jahren, bezogen auf 100 der Bevölkerung im Alter von 15-64 Jahren.
b Anzahl der Bevölkerung im Alter von 65 und mehr Jahren, bezogen auf 100 der Bevölkerung im Alter von 15-64 Jahren.
c Anzahl der Bevölkerung von 0-4 Jahren und der Bevölkerung im Alter von 65 und mehr Jahren, bezogen auf 100 der Bevölkerung im Alter von 15-64 Jahren.
d Keine Daten vorhanden; bestand vor 1975 nicht als eigene Region.

Quelle: Population of the Philippines, UN-ESCAP 1987, S.43 (für 1970); Berechnung nach *Census of Population and Housing 1980* (für die Quoten von 1980).

Abbildung 7:
Voraussichtliche Entwicklung der Altersstruktur bis zum Jahr 2030 unter Annahme verschieden starker Fertilitätsrückgänge

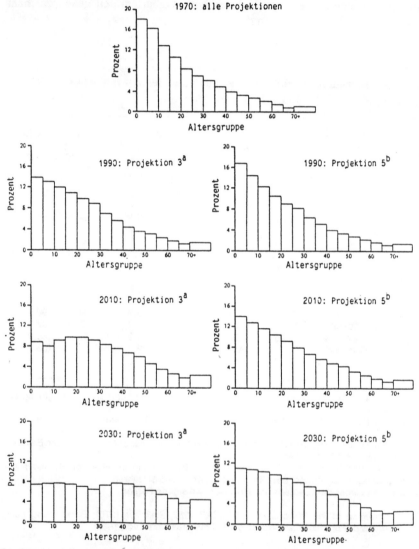

a Annahme eines raschen Fertilitätsabfalls auf das Ersatzfruchtbarkeitsniveau (NRR = 1 im Jahr 2000 und danach).
b Annahme eines langsamen Fertilitätsabfalls auf das Ersatzfruchtbarkeitsniveau (NRR = 1 im Jahr 2040 und danach).

Quelle: The Population Council, The Philippines: Country Prospects 1974, S.6.

Neben der aktuellen Situation soll hier auch ein kurzer Einblick in die wahrscheinliche zukünftige Entwicklung der Altersstruktur gegeben werden, da derartige Projektionen eine enorme Entscheidungshilfe für die bevölkerungspolitische Planung darstellen. Vom Population Council der USA (Country Prospects 1974) wurden zu diesem Thema verschiedene Szenarien unter Annahme unterschiedlicher Fertilitätsentwicklungen entworfen. Die graphische Darstellung dieser Projektionen (Abb. 7) zeigt deutlich, daß ein vom bevölkerungspolitischen Standpunkt "günstiger" Altersaufbau - d.h. ein relativ hoher Bevölkerungsanteil in den mittleren Altersgruppen - nur durch einen raschen Fertilitätsabfall zu erreichen wäre.

Philippinische Demographen (Concepcion 1985, S.25-27) erwarten zwischen 1980 und 1990 einen Anstieg der erwerbsfähigen Bevölkerung um 9,2 Millionen. In der regionalen Differenzierung rechnet man in den Regionen Ilocos, Bicol und Western Visayas mit einer zahlenmäßigen Verdoppelung dieser Bevölkerungsgruppe innerhalb der letzten fünf Jahre unseres Jahrhunderts; in Central Mindanao soll sie sich von 1985 bis 1995 sogar verdreifachen. Für Metro Manila sowie Southern und Western Mindanao werden weniger spektakuläre Zuwächse erwartet - die projizierten Werte liegen hier bei 10 bis 20 Prozent innerhalb der letzten Dekade (1980 bis 1990). Inwieweit diese Projektionen als realistisch gelten können, läßt sich allerdings nur anhand einer Untersuchung der Mortalitäts- und der Fertilitätsverhältnisse des Landes beurteilen.

4.3 Die Mortalitätsentwicklung in ihrer Bedeutung für die Bevölkerungsentwicklung

4.3.1 Zum Zusammenhang von Mortalität und Fertilität

Der enorme Mortalitätsrückgang der Entwicklungsländer innerhalb der letzten Jahrzehnte stellt ein nahezu einzigartiges Phänomen dar, das in seiner Tragweite - vor allem in seinen konkreten Konsequenzen für die Bevölkerungsdynamik - noch nicht vollständig erfaßt ist. Der gegenüber den vorerst noch steigenden und erst allmählich sinkenden Geburtenraten zeitlich frühere und um einiges drastischere Abfall der Sterberaten führte zu einer momentanen Zerstörung des demographischen Gleichgewichts und trug damit neben anderen Einflußfaktoren entscheidend zum explosionsartigen Anwachsen der Bevölkerung bei (Hansluwka 1984, S.309).

Nach der orthodoxen Theorie der demographischen Transformation tendiert jedoch jede Bevölkerung dazu, sich in einer Art Gleichgewichtszustand einzurichten, d.h. ihr Fertilitätsverhalten an die herrschenden Mortalitätsverhältnisse anzupassen (vgl. Hauser 1982, S.229). Folglich müßte bei sinkender Sterberate theoretisch auch die Geburtenrate allmählich zurückgehen.

Im Hinblick auf die spezielle Situation in der Dritten Welt wurde dieses Erklärungsmodell of als inadäquat zurückgewiesen.[13] Tatsächlich kann man aus der Gegenüberstellung der Entwicklung der Mortalität und der Fertilität in Entwicklungsländern keinen zwingenden Kausalzusammenhang zwischen diesen beiden Variablen ableiten. Mikroanalysen einzelner Länder und Regionen ergaben allesamt ein ähnliches Bild: Rasch bis mäßig sinkende Sterberaten werden von unverändert hohen Geburtenraten begleitet. Dies widerlegt die Theorie zwar keineswegs in ihren Grundaussagen - daß die meisten Entwicklungsländer sich in irgendeiner Phase des von ihr beschriebenen Transformationsprozesses befinden, ist nur allzu plausibel -; wann der zu erwartende Fertilitätsrückgang eintreten wird und wodurch er ausgelöst bzw. beschleunigt werden kann, bleibt allerdings unbeantwortet.

Während die Auswirkungen des allgemeinen Mortalitätsrückgangs auf das generative Verhalten nicht ganz geklärt sind, dürfte ein genereller Zusammenhang zwischen der Säuglings- und Kindersterblichkeit und der Fertilität bestehen. Die Child Survival Hypothesis, auch Mortality Response Hypothesis genannt, stellt eine direkte Kausalbeziehung zwischen diesen beiden Größen her. Die elterliche Entscheidung für eine bestimmte Kinderzahl richtet sich demzufolge danach, wie hoch die Überlebenswahrscheinlichkeit des Nachwuchses ist. Die Bereitschaft, Kinder in die Welt zu setzen, wird hier nach einem einfachen Stimulus-Response-Schema als Antwort auf die Höhe der Säuglings- und Kindersterblichkeit gesehen. Besteht die Gefahr, daß ein Großteil der Neugeborenen und Kleinkinder das Erwachsenenalter nicht erreicht, so wird eine große Kinderschar sozusagen als vorausgreifender "Ersatz" für etwaige Verluste angestrebt.

Obwohl die Logik solcher Überlegungen nicht angezweifelt werden kann, mußte auch diese Hypothese in ihrer extremsten Formulierung revidiert werden.[14] Ein Abfallen der Säuglings- und Kindersterblichkeit ist zwar dem Fertilitätsrückgang sehr förderlich (generell ist eine Korrelation zwischen diesen beiden Werten zu beobachten), von einem zwingenden Kausalzusammenhang kann man jedoch nicht sprechen. Wie eingangs bereits ausgeführt, ist die Fertilität Teil eines komplexen demographischen Systems und wird daher durch verschiedene Komponenten gleichzeitig beeinflußt. Die Mortalität ist nur eine der Variablen in diesem Meachanismus und muß in ihrem Zusammenspiel mit den weiteren Einflußgrößen gesehen werden.

4.3.2 Spezielle Aspekte des Mortalitätsrückganges im Hinblick auf die Fertilitätsentwicklung

Ebenso wie etwa Malaysia und Thailand gehören die Philippinen mit einem Abfall der rohen Sterberate zwischen 10 und 20 Prozent innerhalb einer Dekade zu jenen Ländern, die seit 1950 eine zwar recht beachtliche, jedoch keinesfalls großartige Mortalitätsreduktion zu verzeichnen haben (vgl. Tab. 10). Die Entwicklung der durchschnittlichen Lebenserwartung bei der Geburt ist recht zufriedenstellend. Von rund 43 Jahren im Jahr 1948 stieg diese bis 1960 immerhin um zehn Jahre an und erreichte so die Höhe von 53 Jahren. In den darauffolgenden Jahrzehnten ging der Anstieg der Lebenserwartung etwas langsamer vor sich; 1970 betrug diese ungefähr 56 Jahre und 1980 zirka 61 Jahre (vgl. UN-ESCAP 1978; Concepcion 1985).

Auf die Fertilität wirken sich die Höhe dieses Wertes und seine Veränderung insofern aus, als die Länge der Reproduktionsphase der Frau mit steigendem Alter natürlich dementsprechend zunimmt. Zum Großteil ist der Anstieg der registrierten Lebenserwartung jedoch auf den Rückgang der Kindersterblichkeit zurückzuführen; diese erreichte mit einem Abfall von über 30 Prozent zwischen 1960 und 1975 einen Höhepunkt. In den siebziger Jahren zeigte sich allerdings bei der Rate der Säuglings- und Kindersterblichkeit - ebenso wie bei der rohen Sterberate - eine Verzögerung dieses Entwicklungsprozesses. Dies liegt vor allem daran, daß der Ausbau des Gesundheitswesens ab etwa 1968, nachdem die grundlegenden Fundamente geschaffen worden waren, nur mehr schleppend vor sich ging (vgl. Kap. 5.2). Die medizinische Betreuung ist heute nach wie vor unbefriedigend und weist regional große Unterschiede auf.

Dies spiegelt sich auch in der regionalen Differenzierung der Mortalitätsentwicklung wider. Ein beachtlicher Anstieg der Lebenserwartung bei der Geburt zwischen 1970 und 1980 zeigt sich in der Region Southern Tagalog (von ca. 54 auf ca. 64 Jahre), das somit 1980 sogar über dem nationalen Durchschnitt liegt. Die niedrigsten Werte verzeichnen alle Regionen von Mindanao; hier erreicht die Bevölkerung im Durchschnitt ein Alter von höchstens 51 bis 55 Jahren. Der stärkste Anstieg zwischen 1970 und 1980 fand in Central Mindanao statt, wo 1970 noch durchschnittlich ein Lebensalter von 44,6 Jahren zu erwarten war, das sich aber bis 1980 auf 51,5 Jahre erhöht hatte. Weit über dem nationalen Durchschnitt liegt die Lebenserwartung 1980 in Metro Manila (um 4,5 Jahr höher) und in Central Luzon (um 3,5 Jahre höher) (vgl. Tab. A5 im Anhang).

Dementsprechend niedrig ist auch die Säuglingssterblichkeit in Central Luzon. Nach Angaben des NCSO Philippines ist in dieser Region ebenso wie in Western Visayas und Northern Mindanao auch ein besonders starker Rückgang der Säuglingssterblichkeit seit 1950 zu verzeichnen. Ziemlich verwunderlich sind die niedrigen Werte der Regionen von Mindanao (Tab. 10), die in einer aktuellen Studie der UNO (Indirect Estimates of Fertility, UN-ESCAP 1985) auch keineswegs bestätigt werden. Im Gegensatz zu der philippinischen Quelle findet man hier gerade in der Region Mindanao, und zwar vor allem in Western und Southern Mindanao, besonders hohe Raten.[15]

Tabelle 10:
Entwicklung der rohen Sterberate sowie der Säuglingssterblichkeit nach Regionen 1950 - 1980

Region		rohe Sterberate (pro 1000 d.Bevölkerg.)				Rate der Säuglingssterblichkeit			
		1950	1960	1970	1980*	1950	1960	1970	1980*
	Philippinen	11,2	7,2	6,4	6,2	101,6	84,6	60,0	45,1
I	Ilocos	11,2	8,5	7,5	7,3	94,3	70,5	53,9	45,1
II	Cagayan Valley	14,9	10,0	6,6	7,0	121,9	117,9	63,8	54,3
III	Central Luzon	13,3	7,8	6,2	5,8	123,8	75,4	52,4	38,0
IV	Southern Tagalog	11,7[a]	8,5[a]	7,8[a]	6,2	97,2[a]	72,0[a]	57,5[a]	46,1
V	Bicol	11,3	7,7	6,5	7,2	70,5	82,4	58,2	46,2
VI	Western Visayas	10,4	6,4	6,4	6,9	129,8	149,6	95,7	58,4
VII	Central Visayas	12,5	8,0	7,7	7,1	100,8	92,6	58,6	45,8
VIII	Eastern Visayas	11,4	6,6	6,6	6,8	86,5	135,6	76,5	60,6
IX	Western Mindanao	5,0	2,9	6,6	3,8	113,5	85,7	76,0	42,1
X	Northern Mindanao	11,9	7,6	6,0	5,4	128,5	108,6	67,9	41,2
XI	Southern Mindanao	7,0	4,0	5,0	4,7	63,8	51,4	43,6	32,9
XII	Central Mindanao	3,4	3,0	2,4	2,8	97,8	73,5	50,3	33,2
XIII	NCR - Metro Manila	b	b	b	7,2	b	b	b	45,6

* Die Daten für 1980 sind nur beschränkt mit den früheren Daten vergleichbar.
a Die Werte schließen die Region NCR-Metro Manila mit ein.
b Die Hauptstadtregion wurde hier bis 1970 zur Region IV gezählt.

Quelle: NCR Philippines, *Philippine Statistical Yearbook 1986*.

Sogar 1980 liegen diese mit 112,7 Promille an der Spitze und beinahe doppelt so hoch wie der nationale Durchschnitt (63,1 Promille nach UNO-Schätzung). Relativ hohe Werte (um die 7,8 Promille) findet man laut UNO 1980 noch in Cagayan Valley und Eastern Visayas (vgl. Tab. A5 im Anhang). Besonders kraß sind die Disparitäten in der Mortalitätsentwicklung zwischen dem urbanen und ruralen Raum, was durch die Konzentration der medizinischen Institutionen in den Städten zu erklären ist.

Die Feststellung des dezidierten Effekts der Mortalität auf die Fertilität ist ziemlich problematisch, da das Verhältnis dieser beiden Größen zueinander in ihrer wechselseitigen Beeinflussung kaum quantifizierbar ist. Eine Gegenüberstellung der Entwicklung der rohen Sterberate und der rohen Geburtenrate gibt praktisch keinen Einblick in die Auswirkungen eines Mortalitätsrückganges auf die Fertilität, da eine Korrelation dieser beiden Werte auf verschiedene Ursachen zurückgeführt werden kann.

Eine Methode, diese Relation näher zu untersuchen, ist die Analyse der Länge der mittleren Geburtenintervalle in ihrer Differenzierung je nach der Anzahl der überlebenden Kinder einer Mutter. Guzman (1984, S.123-124) stellt in einer Auswertung der Ergebnisse des RPFS 1978 einen Zusammenhang zwischen diesen beiden Größen fest (Tab. 11a). Unter allen Frauen, die zum Zeitpunkt der Befragung die gleiche Anzahl von Kindern geboren hatten, zeigten jene mit einer geringeren Anzahl von überlebenden Kindern etwas kürzere Geburtenintervalle. Dieses Phänomen tritt bei Frauen, die bisher erst 2 bis 3 Kinder geboren haben, besonders häufig auf. Insgesamt stellen die erzielten Ergebnisse eine Bestätigung der Child Survival Hypothesis dar. Es darf jedoch nicht übersehen werden, daß die festgestellte Korrelation zum Teil auf den Effekt der Brustfütterung zurückzuführen ist. Stirbt ein Säugling, so wird die Stillperiode schon vorzeitig abgebrochen, und die Mutter ist schon früher wieder empfängnisbereit.[16]

Um diesen Faktor auszuschalten, setzte Guzman nun die mittlere Länge des Geburtenintervalls zwischen zwei Kindern - also etwa zwischen dem zweiten und dritten Kind - in Relation zum Überlebensschicksal der vorher geborenen Kinder - hier also zum Erst- und Zweitgeborenen. Die beindruckendste Verlängerung des Abstandes zwischen zwei Geburten ergibt sich hier bei Frauen, die bisher drei Kinder geboren hatten (= Parität 3), von denen jedoch keines oder höchstens eines starb (Tab. 11b). Ebenso erwies sich, daß die Anzahl der weiteren Geburten um so höher ist, je mehr Kinder einer Mutter gestorben waren. Diese Resultate dürften jedoch auch durch die Tatsache, daß Frauen, die bereits mehrere Kinder im Säuglings- oder Kleinkindalter verloren haben, meist älter sind, zu erklären sein. Andererseits zeigen sich jedoch auch hier nach Ausschaltung der biologischen Komponente noch ähnliche Verhältnisse wie vorher.

Eine für den Bevölkerungspolitiker besonders interessante Erscheinung stellt der Zusammenhang zwischen der praktizierten Empfängnisverhütung und der Höhe der Säuglings- und Kindersterblichkeit dar. Je seltener eine Mutter den Tod eines Kindes erleben mußte, desto früher beginnt sie im allgemeinen mit der Empfängnisverhütung und desto effizienter sind die von ihr eingesetzten Methoden (vgl. Tab. 12). Hier muß jedoch auch berücksichtigt werden, daß sowohl die Höhe der Kinder- und Säuglingssterblichkeit als auch die Anwendung von Verhütungsmitteln durch verschiedene sozio-ökonomische Faktoren (wie zum Beispiel den Bildungsgrad) wesentlich mitbestimmt werden, deren genaue Funktion in diesem Zusammenhang nicht quantifizierbar ist.

Tabelle 11:
Durchschnittliche Länge des Geburtenintervalls (in Monaten) zwischen der Parität i und i+1[+] 1977 (RPFS)

a) nach der Anzahl der überlebenden Kinder der Parität i unter allen Frauen, die mindestens drei Kinder geboren haben

Parität i + 1	Anzahl der überlebenden Kinder zur Parität i	durchschnittliche Länge des Geburtenintervalls in Monaten (i bis i+1)
2	0	27,2
	1	28,3
3	0	27,5
	1	29,4
	2	29,2
4	0-1	29,0
	2	29,1
	3	29,5
5	0-2	29,5
	3-4	29,4
6	0-3	28,5
	4-5	29,5

b) nach der Anzahl der lebenden Kinder der Parität i und dem Überleben des in der Parität i geborenen Kindes während der Säuglingszeit

Parität i + 1	Anzahl der lebenden Kinder zur Parität i	bei Tod des Säuglings der Parität i	ohne Tod des Säuglings der Parität i
2	0	23,1	27,7
	1	24,3	28,6
3	0	*	27,1
	1	28,9	29,4
	2	23,9	29,5
4	0-1	29,1	29,0
	2	27,1	29,3
	3	24,8	29,7
5	0-2	25,6	30,0
	3	26,2	28,4
	4	25,7	30,7

+ Parität i = alle befragten Frauen mit i Geburten.
  Parität i+1 = alle befragten Frauen mit i+1 Geburten.
* unter 15 Fälle.

Quelle: Guzman 1984, S.124-125 (in: Further Analysis of the RPFS 1978).

Tabelle 12:
Kumulierter Prozentsatz jemals verheirateter Frauen nach dem Zeitpunkt der ersten Anwendung von Verhütungsmethoden und der Konfrontation mit dem Tode eines Säuglings innerhalb der ersten drei Geburten (= innerhalb der ersten drei Paritäten), 1977 (RPFS)

	Zeitpunkt der ersten Anwendung von Verhütungsmethoden						
	Vor dem 1. Kind	Nach 1	Nach 2	Nach 3	Nach 4	Nach 5	Nach 6	Nach 7
bei Säuglingstod	1,1	10,6	22,6	38,8	51,3	63,4	71,9	100,0
ohne Säuglingstod	2,1	23,9	42,7	58,2	69,4	79,3	85,7	100,0

Quelle: Guzman 1984, S.128 (in: Further Analysis of the RPFS 1978).

Die vorangegangenen Ausführungen weisen auf die vielfachen Impulse hin, die von der Mortalitätsentwicklung auf die Fertilität und insbesondere auf das generative Verhalten ausgehen. Abgesehen von den biologischen Komponenten, ergeben sich für die Eltern je nach Überlebenswahrscheinlichkeit der Kinder verschiedene Anreize, mehr oder weniger Nachwuchs zu planen. Bevölkerungspolitische Konzepte zur Fertilitätsreduktion sollten daher hier ansetzen. Dies wird auch bei Hauser (1984, S.476) eindeutig hervorgehoben:

> Reducing infant/child mortality is ... a must in every population policy programme aimed at reducing the birth rate.

Weiters wird hier noch auf die Funktion der medizinisch geleiteten Säuglings- und Kleinkinderpflege als Einstieg zur Auseinandersetzung mit der bewußten Familienplanung und als Motivation zur Beschränkung der Kinderzahl hingewiesen. Einmal mehr wird nun deutlich, daß die erfolgreich praktizierte Familienplanung mit dem Ergebnis der Geburtenreduktion nur am Ende eines sozio-ökonomischen und sozio-kulturellen Transformationsprozesses stehen kann.

4.4 Die Fertilitätsentwicklung als tragende Komponente des Bevölkerungswachstums

4.4.1 Die Modifikation der klassischen Transformationstheorie nach Caldwell sowie nach Baever

Bedenkt man, daß das zukünftige Bevölkerungswachstum als hauptsächlich durch die Fertilität bestimmt gilt, so wird ihre tragende Rolle innerhalb des demographischen Systems einer Bevölkerung erst vollkommen verständlich. Die Bevölkerungswissenschaft hat zur Erklärung der Auslösungsmechanismen, die zur Fertilitätsreduktion führen, noch keine allgemein gültige Theorie hervorgebracht. Nach dem klassischen Denkmodell der Demographischen Transformation wird der Abfall der Fertilität im Zusammenspiel mit dem Sinken der Mortalität gesehen und letztlich als logische wenn nicht sogar automatische Begleiterscheinung des sozio-ökonomischen Modernisierungsprozesses betrachtet. Schon allein aus der Tatsache, daß diese Theorie speziell auf die im Europa des 19. Jahrhunderts beobachtete Entwicklung zugeschnitten ist, so gesehen also eine empirisch begründete Theorie ist, ergibt sich einer ihrer gravierendsten Mängel. Die Übertragbarkeit der Transformationstheorie auf demographische Systeme in einem gänzlich anderen historischen, sozio-ökonomischen und kulturellen Kontext (wie es die Entwicklungsländer im 20. Jahrhundert ja sind) ist äußerst fragwürdig. Abgesehen davon finden sich noch verschiedene weitere Ansatzpunkte zur Modifikation der orthodoxen Theorie.

Zu seiner Abwandlung dieser Theorie gelangt Caldwell (1976) unter anderem durch seine Kritik der übermäßigen Bedeutung, die dem Vorgang der ökonomischen "Modernisierung" als Auslösungsfaktor für die Fertilitätsreduktion beigemessen wird. Vernachlässigt wurde seiner Meinung nach hingegen die auf der Mikroebene liegende Entscheidung der Familie, die in erster Linie sozio-kulturellen Beweggründen und erst nach diesen sozio-ökonomischen Überlegungen folgt.

Caldwell spricht in diesem Zusammenhang vom "wealth and emotion flow" zwischen den Generationen als bedeutendste Einflußgröße. Die elterliche Entscheidung für oder gegen mehr Nachwuchs wird demnach nicht von rein ökonomisch bedingten rationalen Kriterien, sondern auch von emotionalen Komponenten beeinflußt. Würde das generative Verhalten ausschließlich durch die ökonomische Rentabilität von Kindern bestimmt, so gäbe es in einer Gesellschaft theoretisch nur zwei Möglichkeiten zur optimalen Entscheidung, nämlich entweder unbegrenzte Fertilität (α-Typ) oder totale Fertilitätsrestriktion (β-Typ), wobei eine Fertilitätsrestriktion beim α-Typ keinerlei wirtschaftliche Gewinne für die Familie bringen würde, beim β-Typ jedoch durch eine Einschränkung der Kinderzahl häufig oder immer wirtschaftliche Gewinne entstehen würden. Die

Überlagerung der sozio-ökonomischen Komponente durch die sozio-kulturelle Komponente führt jedoch zu einer weniger extremen Ausbildung dieser beiden Typen. Langfristig kommt es schließlich zu einer Bewegung von einer kinderreichen Gesellschaft (modifizierter α-Typ) zu einer kinderarmen Gesellschaft (modifizierter β-Typ). Diese tendenzielle Entwicklung wird vorwiegend durch ökonomische (aber dabei kulturell bedingte) Motive ausgelöst und tritt dann ein, wenn der "wealth and emotion flow" nicht mehr netto von den Kindern zu den Eltern, sondern umgekehrt von den Eltern zu den Kindern verläuft, Kinderreichtum also für die Eltern zur Belastung wird.

Der "mode of production" - die wiederum aufgrund verschiedener natürlicher, ökonomischer und sozio-kultureller Faktoren zustandegekommen ist - kommt hier eine entscheidende Funktion zu. Je nach der jeweils vorherrschenden Produktionsweise und der Ausformung des diese prägenden kulturellen Normensystems ergeben sich für ein Ehepaar unterschiedliche Entscheidungsmöglichkeiten bezüglich der Planung des Nachwuchses und der Familiengröße. Ausschlaggebend für die "Umkehr" des generativen Verhaltens ist nach Caldwell die Entwicklung von einer auf der Großfamilie als Produktionseinheit aufbauenden nicht-kapitalistischen Produktionsweise (Subsistenzwirtschaft) zu der auf individuelle Gewinnmaximierung (innerhalb einer Marktwirtschaft) abzielenden kapitalistischen Produktionsweise. Dies führt zur Herauslösung der Wirtschaftsaktivität aus dem Familienbereich und untergräbt schließlich die kulturell-ökonomische Legitimation der Großfamilie, die nunmehr mehr oder weniger "unrentabel" geworden ist (Abb. 8). Die Veränderung der Produktionsweise zieht also auch einen Wandel des kulturellen Wert- und Normensystems mit sich, der sich auf das generative Verhalten auswirkt.

Mit dieser modifizierten Theorie der Fertilitätstransformation hat Caldwell einen weiteren Schritt zur Erklärung der Determinanten, die die Fertilitätsreduktion einleiten, unternommen. Auffallend ist jedoch, daß die sozio-kulturelle Komponente nur in ihrem übergeordneten Einfluß auf das Produktionssystem gesehen wird. Eine direkte Auswirkung auf das generative Verhalten des Individuums innerhalb des gesellschaftlichen Bezugsrahmens wird offensichtlich nicht vermutet. Der sozio-kulturelle Aspekt wird also nur auf dem Umweg über die Organisation der Gesamtökonomie eingebracht.[17]

Negiert Caldwell den direkten Effekt der sozio-kulturellen Faktoren auf die Fertilitätsentwicklung nahezu, so weist Baever (1975) ihnen eine zentrale Rolle in seinem Erklärungsmodell zur Transformationstheorie zu. Angestrebt wird in dem von ihm entworfenen Schema (vgl. Abb. 9) eine Präzisierung der Zusammenhänge unter besonderer Berücksichtigung der wechselseitigen Beeinflussung der verschiedenen Variablen. Zum erstenmal werden hier so bedeutende Elemente wie etwa die vorwiegend im kulturellen Normen- und Wertsystem (z.B.

Abbildung 8:
Die modifizierte Theorie der Demographischen Transformation nach Caldwell

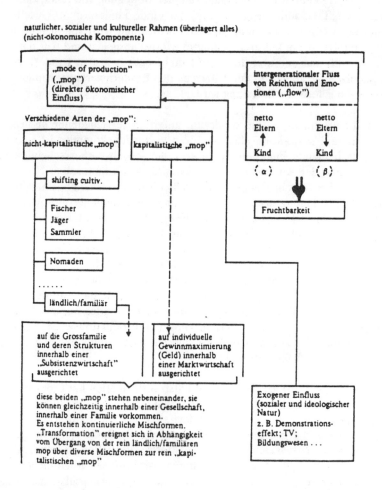

Quelle: Hauser 1982, S.243.

Religion) begründeten psychologischen Faktoren als gleichwertig mit den sozialen und ökonomischen Faktoren präsentiert. Ebenso wird erstmals die Bedeutung der bewußten Familienplanung in Form einer bestimmten angestrebten Familiengröße und der gezielt eingesetzten Empfängnisverhütung hervorgehoben.

Abbildung 9:
Das Kausalmodell zur Theorie der Demographischen Transformation nach Baever

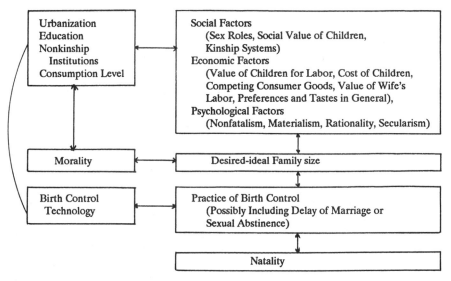

Quelle: Gehrmann 1979, S.456.

Tragen alle diese Überlegungen zum besseren Verständnis der komplexen Vorgänge, die auf die Fertilitätsentwicklung einwirken, bei, so konnten die notwendigen Voraussetzungen für einen Fertilitätsrückgang bisher nicht präzise formuliert werden.

4.4.2 Das aktuelle Fertilitätsniveau in seiner Entwicklung seit der Jahrhundertwende und sein projizierter Abfall bis 2025

4.4.2.1 Die Veränderung der rohen Geburtenrate seit 1903

Vor einer Untersuchung der indirekten Determinanten der Fertilitätsentwicklung scheint eine Analyse des tatsächlichen Fertilitätsniveaus in seiner regionalen Differenzierung und seiner Entwicklungsgeschichte in diesem Jahrhundert angebracht.

Für eine grobe Einschätzung der Fertilitätsentwicklung auf den Philippinen im zeitlichen Verlauf bietet sich die Analyse der Veränderung der rohen Geburtenrate (engl.: *crude birth rate* = CBR) an, da hier einigermaßen verläßliches Datenmaterial seit 1903 vorhanden ist. Diese einfache Meßziffer zur Feststellung der Geborenenhäufigkeit eignet sich vor allem auch bei gleichzeitiger Berücksichtigung der Veränderung der rohen Sterberate[18] (engl.: *crude death rate* = CDR) hervorragend zur Untersuchung langfristiger Entwicklungstrends (CDR seit 1903, vgl. Tab. A6 im Anhang).

Wie aus Abbildung 10 ersichtlich, setzte der extreme Abfall der rohen Geburten erst um 1960 ein, während diese in den vorhergehenden Jahrzehnten seit 1900 nahezu konstant geblieben waren. Die rohe Sterberate hingegen zeigte seit dem Beginn dieses Jahrhunderts ein ständiges Abfallen, das sich ab dem Jahr 1960 jedoch pro Jahrzehnt immer mehr verringerte. Die demographische Entwicklung auf den Philippinen folgt demnach dem von der Theorie der demographischen Transformation entworfenen Modell - der Mortalitätsrückgang zieht letztlich eine Fertilitätsreduktion nach sich. Beachtlich ist allerdings die zeitliche Verzögerung, mit der der Abfall der Geburtenrate erfolgte. Sie entspricht nicht ganz den von Demographen im Rahmen der Transformationstheorie entworfenen Szenarien. Generell muß festgestellt werden, daß der Zeitpunkt für das Einsetzen der Fertilitätsreduktion im Verhältnis zur Mortalitätsreduktion in den Prognosen für die Entwicklungsländer meist zu früh gewählt wurde. Tatsächlich zeigte die Kurve der rohen Geburtenrate in fast allen Ländern der Dritten Welt erst wesentlich später als prognostiziert eine Anpassung an den Verlauf der Kurve der rohen Sterberate (UNO, Country Prospects 1978, S.27). Dies kann als ein weiteres Indiz für die richtungweisende Funktion indirekter (weil nichtdemographischer) Faktoren angesehen werden, deren individuelle Entwicklung und deren exakte Wirkungsweise innerhalb des demographischen Systems schwer kalkulierbar ist. Überdies illustriert der Kurvenverlauf für die rohe Geburtenrate und die rohe Sterberate, inwieweit der enorme Bevölkerungszuwachs auf den Philippinen zwischen 1900 und 1960 eine Konsequenz der Mortalitätsreduktion bei gleichzeitig traditionell eher hoch liegender Fertilität sein kann.

Innerhalb Asiens zählen die Philippinen mit einer rohen Geburtenrate von 43,6 bis 32,3 Promille zwischen 1960 und 1980 genauso wie Indien, Korea, Thailand, Indonesien und Malaysia zu den Ländern mit mittelmäßiger Geburtenhäufigkeit - d.h. die rohe Geburtenrate liegt etwa zwischen 26 bis 39 Promille (vgl. Kap. 3, Tab. 4). In dieser mittleren Gruppe wiederum zeigen die Philippinen ebenso wie Indien, Korea und Sri Lanka ein eher mäßiges Tempo des Geburtenrückgangs. Die rohe Geburtenrate für die Periode 1975 bis 1980 zeigt hier gegenüber der Rate für 1960 bis 1965 einen Abfall von 18 bis 20 Prozent. In Thailand, Indonesien und Malaysia hingegen ist ein viel rascheres Absinken der rohen Geburtenrate zu verzeichnen, nämlich ein Rückgang um 25 bis 28 Prozent im selben Zeitraum (vgl. Tab. A7 im Anhang). Ab 1980 verlangsamt sich der Geburtenrückgang auf den Philippinen bereits wieder. So wird nach einer mittleren Projektion der UNO (World Population Projections as Assessed in 1984) für die

Periode 2000 bis 2005 eine Rate von etwa 22,5 Promille, für die darauffolgende Dekade ein Wert von rund 19,2 Promille erwartet.

Abbildung 10:
Veränderung der rohen Geburtenrate im Zusammenhang mit der rohen Sterberate 1903 bis 1980 sowie projizierte Entwicklung bis 2000

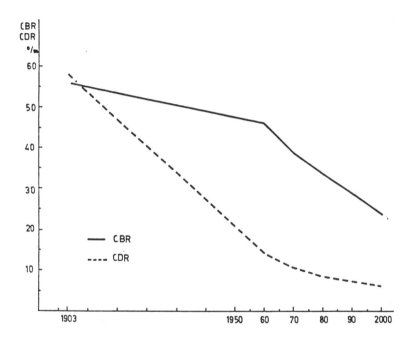

Entwurf nach Daten aus: UNO 1978 (für 1903 bis 1950); Concepcion 1985 (für 1960 bis 1980); World Population Projections as Assessed in 1984; UNO-ESA 1986 (für 1980 bis 2000).

Bezüglich der beobachteten markanten Abnahme der Geburtenhäufigkeit ab 1950 ist zu bemerken, daß diese zu einem wesentlichen Anteil eine Konsequenz der Nuptialitätsentwicklung ist. Immerhin sank der Anteil der verheirateten Frauen im Alter von 15 bis 24 Jahren zwischen 1948 und 1973 um rund 4 bis 5 Prozent, was einen Anstieg des durchschnittlichen Heiratsalters erkennen läßt. Seit der Jahrhundertwende stieg das mittlere Heiratsalter auch dementsprechend an; es lag 1980 um nahezu drei Jahre höher als 1903 (vgl. Kap. 5.4).

Tabelle 13:
Rohe Geburtenrate (= CBR), 1903 - 1970

Quelle	Periode	CBR
de Guzman	1903 - 1948	50,0 - 55,8
Adams	1939 - 1948	45,6 - 52,7
de Guzman	1948 - 1960	46,8 - 51,9
Madigan - Avancena	1954 - 1960	44,2
Lorimer	1960	45,6
Smith	1960	42,0 - 43,4
de Guzman	1960	42,7 - 44,0
	1960 - 1970	40,8 - 45,2
	1970	40,0 - 42,7
UPPI[a]	1970 - 1975	37,4

a UPPI = University of the Philippines Population Institute.
Quelle: Population of the Philippines, UN-ESCAP 1978, S.117.

Tabelle 14:
Rohe Geburtenrate nach Regionen 1960 - 1980

Region		1960	1970	1980
Philippinen		46,0	39,3	33,6
NCR - Metro Manila		43,1[a]	33,6[a]	28,9
I	Ilocos	42,0[b]	34,8[b]	31,5
II	Cagayan Valley	49,1	35,8	34,6
III	Central Luzon	42,9[c]	37,3[c]	31,0
IV	Southern Tagalog	43,0	35,3	33,0
V	Bicol	43,4	37,5	36,2
VI	Western Visayas	43,1	38,3	35,6
VII	Central Visayas	41,9	38,1	31,3
VIII	Eastern Visayas	44,9	42,6	34,3
IX	Western Mindanao	55,8[d]	50,9[d]	38,1
X	Northern Mindanao	52,8[e]	49,0[e]	36,6
XI	Southern Mindanao	51,2[f]	47,4[f]	36,7
XII	Central Mindanao	g	g	38,5

a Ohne Muntinlupa, Metro Manila.
b Ohne Pangasinan.
c Einschließlich Pangasinan.
d Ohne Basilan und Tawi-Tawi.
e Einschließlich Lanao del Norte, Lanao del Sur und Surigao del Sur.
f Ohne Surigao del Sur aber einschließlich Cotabato.
g Einige Provinzen werden noch zu anderen Regionen von Mindanao gezählt, wie in d bis f erklärt; die anderen Provinzen von Central Mindanao existierten noch nicht.
Quelle: Concepcion 1985, S.22.

Fertilitätsentwicklung 51

Eine Untersuchung der Entwicklung der rohen Geburtenrate in ihrer regionalen Differenzierung ist aufgrund der Datenlage erst ab 1960 sinnvoll. Ab diesem Zeitpunkt eignen sich die von National Census and Statistics Office (NCSO) publizierten Werte jedoch nicht zur Bestimmung der absoluten Höhe der rohen Geburtenrate, sondern eher als Indikatoren für zeitliche Entwicklungstrends und zur Erstellung der Relationen zwischen den einzelnen Regionen (vgl. Concepcion 1985, S.22).

Die Berechnung der indirekten Geburtenrate (= Anzahl der Kinder bis zum Alter von einem Jahr in Promille der Gesamtbevölkerung) bietet hier einen weiteren Annäherungswert zur Einschätzung der tatsächlichen Geburtenhäufigkeit. Ein Wert von 36,2 Promille im Jahr 1980 scheint angesichts der UNO-Schätzung der rohen Geburtenrate mit 36,4 Promille für die Periode 1975 bis 1980 ziemlich realistisch.[19] Besonders auffallend ist die urban/rurale Diskrepanz der indirekten Geburtenrate. Die Niveauunterschiede bewegen sich hier von etwa 2 bis 4 Promille; in der Region Bicol liegt sie sogar bei rund 9 Promille und in Western and Eastern Visayas bei 5 bis 6 Promille.

Tabelle 15:
Indirekte Geburtenrate (= Kinder im Alter von 0 bis 1 Jahr in Promille der Gesamtbevölkerung) nach Regionen in ihrer urban/ruralen Differenzierung 1979 (Zensus 1980)

Region		Geburtenrate (indirekt)		
		gesamt	urban	rural
	Philippinen	36,2	34,0	37,7
I	Ilocos	32,6	29,5	33,5
II	Cagayan Valley	37,9	33,5	38,8
III	Central Luzon	35,7	34,2	36,8
IV	Southern Tagalog	36,9	34,4	38,3
V	Bicol	41,4	34,3	43,3
VI	Western Visayas	35,2	31,0	37,0
VII	Central Visayas	35,3	33,3	36,3
VIII	Eastern Visayas	36,6	32,0	37,8
IX	Western Mindanao	33,6	33,4	33,7
X	Northern Mindanao	33,6	33,4	35,7
XI	Southern Mindanao	39,3	38,2	40,0
XII	Central Mindanao	35,4	37,3	34,9
XIII	NCR - Metro Manila	34,4	34,4	-

Quelle: Berechnung nach Daten des NCSO Philippines, *Census of Population and Housing 1980.*

Wie zu erwarten, finden sich in der regionalen Differenzierung für die rohen Geburtenraten 1980 besonders niedrige Werte in der Hauptstadtregion Metro Manila sowie in Central Luzon, Central Visayas und Ilocos.

Auffallend hohe Geburtenraten weisen 1980 hingegen die Regionen Western und Central Mindanao sowie Northern und Southern Mindanao und Bicol auf. Die niedrigen Werte für die indirekte Geburtenrate 1980 für alle Regionen der Inselgruppe Mindanao (außer Southern Mindanao) sind vor allem in Anbetracht der hohen rohen Geburtenrate in diesen Regionen (vgl. Tab. 14 und 15) und der Höhe der sonstigen Fertilitätsindikatoren, wie etwa der totalen Fruchtbarkeitsrate und der Anzahl der von verheirateten Frauen im Durchschnitt geborenen Kinder (vgl. Tab. 18 und 20) äußerst unwahrscheinlich. Auch der hohe Anteil der Säuglinge und Kleinkinder bis zum Alter von 4 Jahren in den einzelnen Regionen und Provinzen von Mindanao spricht gegen den aus dem Zensus 1980 ermittelten Wert. Es kann sich hier also nur um Erhebungsmängel handeln, die man gerade bei Daten für Mindanao häufig antrifft, was auf verschiedene Erfassungsschwierigkeiten auf dieser Inselgruppe zurückzuführen ist.

Gewährt die rohe Geburtenrate nun einen Einblick in gewisse Niveauänderungen und in regionale Unterschiede der Fertilität, so ist sie doch entscheidend durch den Alters- und Geschlechtsaufbau der Bevölkerung sowie seiner zeitlichen Veränderung geprägt. Dieses Manko kann durch die Betrachtung der altersspezifischen Fruchtbarkeitsraten und der totalen Fruchtbarkeitsrate - die die Anzahl der Geburten nur auf die potentiellen Mütter (= Frauen im gebärfähigen Alter) beziehen - behoben werden.

4.4.2.2 Die Entwicklung der altersspezifischen und der totalen Fruchtbarkeitsrate seit 1960

Im wesentlichen zeigt die Kurve der altersspezifischen Fruchtbarkeitsrate - die die Anzahl der Lebendgeborenen pro 1.000 Frauen der jeweiligen Altersgruppe angeben - einen unauffälligen Verlauf. Typische Spitzenwerte finden sich, wie zu erwarten, in der Gruppe der Frauen im Alter von 25 bis 29 Jahren. Der vergleichsweise Anstieg der Fruchtbarkeitsfunktion in der letzten Altersklasse (45 bis 49 Jahre) gegenüber der nächst jüngeren Altersklasse (40 bis 44 Jahre) ist zwar ein Demographen geläufiges Phänomen, jedoch an sich eher unwahrscheinlich. Möglicherweise ist dieser unplausible Kurvenverlauf das Resultat lückenhafter Erinnerung dieser Gruppe von Frauen bezüglich ihrer schon in geringem Alter verstorbenen Kinder.

Abbildung 11:
Altersspezifische Fruchtbarkeitskurve 1965 bis 1980

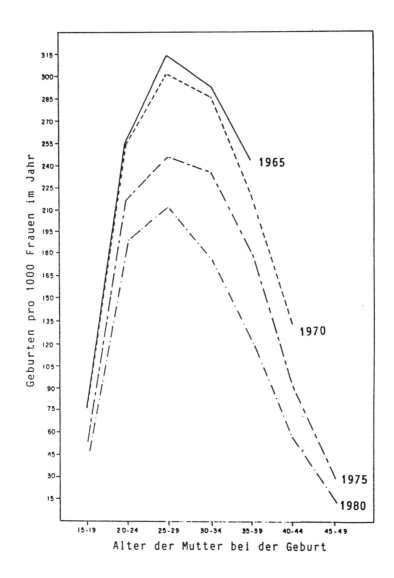

Entwurf nach: RPFS 1978, Daten siehe Tab. 16.

In der zeitlichen Veränderung macht sich der extremste Niveauabfall der altersspezifischen Fruchtbarkeit ab 1970 bemerkbar, und zwar vor allem in den mittleren Altersgruppen. Bei den fünfzehn- bis neunzehnjährigen Frauen ist der Rückgang hingegen am geringsten.

Tabelle 16:
Altersspezifische Fruchtbarkeitsraten 1960 - 1980

Alter bei der Geburt	Altersspezifische Fruchtbarkeitsraten (1000 Frauen)				
	1960	1965	1970	1974	1980
15 - 19	94	76	76	53	58
20 - 24	277	254	253	216	189
25 - 29	316	313	300	245	213
30 - 34	290	292	286	235	176
35 - 39	211*	243	220	180	172
40 - 44	107*	101*	132	91	89
45 - 49	27*	20*	22*	29	13

* Werte aus UNO, The Philippines, Country Monograph Series, 1978.
Quelle: RPFS 1978 (für 1945 bis 1975); UNO 1978 (einige Werte 1960 bis 1970); *Demographic Yearbook 1986/87*, UN-ESA.

Zur regionalen Differenzierung der Fertilitätsverhältnisse seit 1960 bietet sich die totale Fruchtbarkeitsrate (engl.: *total fertility rate* = TFR) an, bei der alle Einflüsse der Alters- und Geschlechtsstruktur ausgeschaltet sind (d.h. auch jener des Altersaufbaus der Frauen im gebärfähigen Alter), da sie die Summe der altersspezifischen Fruchtbarkeitsraten darstellt. Man kann sie auch als kumuliertes Fruchtbarkeitsmaß ansehen, das die Zahl der Lebendgeborenen einer hypothetischen Kohorte[20] von tausend Frauen innerhalb deren Reproduktionsperiode angibt, wobei die Sterblichkeit der Frauen vor Erreichung des gebärfähigen Alters oder während ihrer Reproduktionsperiode nicht berücksichtigt wird. Insofern stellt sie also einen Index zur Messung der Gesamtfruchtbarkeit dar.

Häufig wird die TFR auch als Meßgröße für die durchschnittliche Kinderzahl einer Familie nach Abschluß der Reproduktionsperiode interpretiert. Solche Auslegungen sind allerdings nur unter der Annahme, daß die jeweiligen altersspezifischen Fruchtbarkeitsraten während der gesamten Reproduktionsphase einer Familie konstant bleiben und die Frau nicht vor der Beendigung ihrer Reproduktionsperiode stirbt, statthaft. Sie gelten demnach nur für eine hypothetische Familie und entsprechen nicht ganz den realen Verhältnissen.[21]

Gehören die Philippinen auf dem asiatischen Kontinent in der Periode 1960 bis 1965 noch zu jenen Ländern mit eher hoher totaler Fruchtbarkeitsrate (6,57), die nur von Pakistan, Bangladesh und Malaysia übertroffen wurde, so zeichnet sich bis 1980 ein vergleichsweise starker Abfall dieses Wertes ab. Bei einer totalen Fruchtbarkeitsrate von 4,7 im Jahr 1980 bedeutet dies eine Abnahme von ca. 28 Prozent innerhalb von 20 Jahren, was recht beachtlich ist (vgl. Kap. 3, Tab. 4).

Tabelle 17:
Entwicklung der totalen Fruchtbarkeitsrate 1965-1980 nach verschiedenen Schätzungen, Philippinen gesamt

Periode	Quelle	TFR
1965 - 70	Rele-Schätzung (UNO)	5,32[a]
1968 - 72	National Demographic Survey 1973	5,89
1970	Bogue-Palmore-Schätzung (UNO)	5,71[a]
1970	Concepcion (NCSO)	6,30[b]
1975 - 80	Rele-Schätzung (UNO)	4,95[a]
1975 - 77	WFS/RPFS 1978	5,13[c]
1980	Bogue-Palmore-Schätzung (UNO)	5,08
1980	Concepcion (NCSO)	4,70[b]

a   Indirect Estimates of Fertility, UN-ESCAP 1985.
b   Concepcion 1985.
c   F. Reyes, Evaluation of the RPFS 1978, WFS Scientific Reports, Voorburg 1981.
Quelle: UN-ESCAP 1985 (Indirect Estimates of Fertility for Small Geographic Areas in the Philippines); Concepcion 1985.

Dennoch liegt die totale Fruchtbarkeitsrate für die Philippinen im Jahr 1980 noch weit über dem Wert von 2, der für die Erlangung der Ersatzfruchtbarkeit erstrebenswert wäre.[22] Einzig die Region Metro Manila hat reale Chancen, im Jahr 2000 bei einem Wert von etwa 2,2 angelangt zu sein. Die Werte für die übrigen Regionen liegen bedeutend höher, und zwar zwischen minimal 4,7 und maximal 6,8 - je nach Schätzungsmethode.

Die in Tabelle 18 und 19 ausgewiesenen Werte basieren auf unterschiedlichen Berechnungsmethoden und geben daher ein recht verschiedenes Bild von der absoluten Höhe der totalen Fruchtbarkeitsrate in den einzelnen Regionen; in der Charakterisierung der regionalen Differenzierung jedoch zeigen sie alle ähnliche Strukturen auf. Die vom National Census and Statistics Office (NCSO) der Philippinen für 1980 kalkulierten Werte liegen geringfügig unter jenen Schätzungen der UNO (Indirect Estimates of Fertility, UN-ESCAP 1985), die mit der von Rele[23] für die Schätzung der Fertilität entwickelten Methode berechnet wurde. Für 1970 hingegen bewegen sich die vom NCSO veröffentlichten Werte (vgl. Tab. 18) eher in der Höhe der UNO-Schätzung nach Bogue-Palmore[24], also der höheren UNO-Werte. Der Fertilitätsrückgang innerhalb der Dekade unmittelbar vor dem Zensus von 1980 (1970-1980) wird also nach der Publikation von Concepcion (1985; NCSO-Werte) viel drastischer dargestellt als nach der UNO-Studie. Dies dürfte vor allem darauf zurückzuführen sein, daß die von Concepcion analysierten Daten nicht aus Zensusergebnissen, sondern aus Auswertung der verschiedenen Surveys (NDS 1973, AFS 1978, RPFS 1978) stammen.

Tabelle 18:
Totale Fruchtbarkeitsrate nach Regionen 1960 - 1980 (NCSO-Werte)

Region		1960	1965	1970	1975	1980
Philippinen		6,5	6,3	6,3	5,2	4,7
NCR	Metro Manila	5,1	4,4	4,0	3,2	3,0
I	Ilocos	6,4	5,8	5,5	4,9	4,7
II	Cagayan Valley	7,1	7,8	6,6	5,4[b]	5,2
III	Central Luzon	6,4	6,2	5,8	4,6	4,3
IV	Southern Tagalog	6,3	6,3	5,7	5,1	4,7
V	Bicol	6,9	7,0	6,2	6,0	5,8
VI	Western Visayas	6,3	5,8	5,8	5,6	5,3
VII	Central Visayas	6,0	5,8	5,6	4,7	4,5
VIII	Eastern Visayas	6,9	7,4	7,7	5,8	5,6
IX	Western Mindanao	7,9	6,9	6,7	5,0[b]	5,6
X	Northern Mindanao	6,9	7,7	7,4	6,1	5,4
XI	Southern Mindanao	7,4	7,3	6,9	5,7	5,4
XII	Central Mindanao	a	a	a	5,4[b]	5,6

a Vor 1970 in Northeastern und Southwestern Mindanao enthalten, im Jahr 1970 in Northern und Southern Mindanao enthalten.
b Aufgrund zu geringer Datenbasis höchstwahrscheinlich zu niedrige Schätzung.

Vergleicht man nun die totalen Fruchtbarkeitsraten der beiden UNO-Schätzungen, die ja auf den Daten der Zensen 1970 und 1980 aufbauen, so ergibt sich für die meisten Regionen eine Differenz von 0,2 bis 0,4 (wobei die Bogue-Palmore-Schätzung, wie bereits erwähnt, höher liegt; einzig für Metro Manila zeigt die Rele-Schätzung höhere Werte). Für einen derartigen Vergleich muß allerdings beachtet werden, daß die Schätzung nach Rele sich auf einen Zeitraum von 0 bis 4 Jahren vor dem jeweiligen Zensus bezieht, während die Schätzung nach Bogue-Palmore direkt für das jeweilige Zensusjahr gilt. Für 1975-80 (Rele) bzw. 1980 (Bogue-Palmore) liegt die Differenz zwischen den beiden Berechnungen

Fertilitätsentwicklung 57

Tabelle 19:
Totale Fruchtbarkeitsrate nach Regionen sowie Rangordnung der Regionen
(nach zwei unterschiedlichen Schätzungen der UNO) für 1970 und 1980

Region		1980 Bogue-Palmore	Rele	1970 Bogue-Palmore	Rele
		Schätzwerte Totale Fruchtbarkeitsrate (= TFR)			
Metropolitan Manila		2,98	3,36	3,78	3,88
I	Ilocos Region	4,96	4,71	5,46	4,99
II	Cagayan Valley	5,78	5,47	6,76	6,15
III	Central Luzon	4,78	4,76	5,53	5,30
IV	Southern Tagalog	5,11	5,05	5,57	5,33
V	Bicol	6,36	5,98	6,79	6,22
VI	Western Visayas	5,27	5,04	5,50	5,07
VII	Central Visayas	4,92	4,79	5,36	5,03
VIII	Eastern Visayas	6,17	5,69	6,75	6,04
IX	Western Mindanao	6,14	5,64	6,28	5,63
X	Northern Mindanao	5,92	5,51	6,56	5,98
XI	Southern Mindanao	6,06	5,70	6,68	6,10
XII	Central Mindanao	6,63	6,16	6,67	5,85
		Rangordnung (in ansteigender Reihenfolge)			
Metropolitan Manila		1	1	1	1
I	Ilocos Region	4	2	3	2
II	Cagayan Valley	7	6	12	12
III	Central Luzon	2	3	5	5
IV	Southern Tagalog	5	4	6	6
V	Bicol	12	13	13	13
VI	Western Visayas	6	7	4	4
VII	Central Visayas	3	5	2	3
VIII	Eastern Visayas	11	12	11	10
IX	Western Mindanao	10	8	7	7
X	Northern Mindanao	8	9	8	9
XI	Southern Mindanao	9	11	10	11
XII	Central Mindanao	13	10	9	8

Quelle: Indirect Estimates of Fertility for Small Geographics Areas in the Philippines, UN-ESCAP 1985.

auf nationaler Ebene bei 2,6 Prozent. Eine weitere Gegenüberstellung dieser Resultate mit einer Auswertung des RPFS 1978 gibt den Werten nach Bogue-Palmore jedoch den Vorzug gegenüber der anderen UNO-Schätzung (Tab. 17). Die folgenden Ausführungen zu den Fruchtbarkeitsverhältnissen auf Provinzbasis stützen sich daher auf die TFR-Ergebnisse nach Bogue-Palmore, wenn auch die anderen Werte (Rele) zur Information angegeben werden.

Die nach der Bogue-Palmore-Schätzung erstellten Karten (Karte Nr. 3, 4, 5) zeigen die regionalen Fertilitätsunterschiede sowie deren zeitliche Veränderung auf einen Blick. Spitzenwerte der totalen Fruchtbarkeitsrate finden sich in den Regionen Bicol und Cagayan Valley sowie in allen Regionen von Mindanao, und zwar sowohl 1970 als auch 1980. Ebenfalls hohe Fertilität herrscht in beiden Erhebungsjahren in Eastern Visayas und im Jahr 1970 auch in Southern Tagalog, das jedoch bis 1980 einen beachtlichen Rückgang aufweist und zu diesem Zeitpunkt bereits zu den Regionen mit eher niedriger Fertilität gezählt werden kann. Das niedrigste Fertilitätsniveau findet sich, wie bereits erwähnt, in Metro Manila mit einer TFR-Differenz von ca. 1,8, im Vergleich zur Hauptstadtregion folgen darauf die Region Central Luzon sowie Ilocos und Central Visayas. Den beachtlichsten Fertilitätsrückgang zwischen 1970 und 1980 hatte Metro Manila zu verzeichnen (21 Prozent); ebenfalls bemerkenswert war die Fertilitätsreduktion in Cagayan Valley, Ilocos und Central Luzon (14,5 und 13,6 Prozent). Aber auch in Northern und Southern Mindanao wurden in dieser Periode große Fortschritte gemacht. Die totale Fruchtbarkeitsrate sank hier immerhin um 9,6 bzw. um 9,3 Prozent. In der Region Bicol hingegen war innerhalb der Dekade von 1970 bis 1980 nur ein Abfall um 6 Prozent zu verzeichnen.

Läßt die regionale Auswertung nun nach den verschiedensten Schätzungsmethoden eine relativ einheitliche Struktur der Fertilitätsverhältnisse erkennen, so ergibt sich auf Provinzbasis ein weitaus vielschichtigeres und schwieriger zu klassifizierendes Bild. So kann innerhalb einer Region oft ein enormes Fertilitätsgefälle bestehen, das meist auf Disparitäten im sozio-ökonomischen Entwicklungsstand der einzelnen Provinzen zurückzuführen ist. In Southern Tagalog zeigt sich eine besonders ausgeprägte Diskrepanz zwischen den progressiven, der Hauptstadtregion nahegelegenen Provinzen Rizal, Batangas, Cavite und Laguna mit sehr niedriger Fertilität und den beiden isoliert gelegenen Inseln Palawan und Mindoro, die besonders hohe Fertilitätsraten aufweisen. Auch bei den beiden an eher unterentwickelte und kinderreiche Regionen angrenzenden Provinzen Aurora (an der Grenze zu Cagayan Valley) und Quezon (an der Grenze zur Region Bicol) macht sich die Auswirkung räumlicher Entwicklungsprozesse sozialer und ökonomischer Art auf die Fertilitätsverhältnisse bemerkbar.

Ebenso zeichnet sich in Northern Mindanao der Einfluß der Nachbarregionen durch extreme Niveauunterschiede der TFR ab. Die der einen hohen Urbanisierungsgrad aufweisenden Region Central Visayas nahegelegenen Provinzen Camiguin, Misamis Occidental und Misamis Oriental zeigen wesentlich niedere Fertilität (TFR etwa 4,9 bis 5,3) als die eher im Zentrum der Inselgruppe Mindanao gelegenen Provinzen Bukidon und Agusan del Sur (TFR rund 7). Hier wird die Bedeutung räumlicher Interaktionen zwischen Regionen unterschiedlichen Entwicklungsstandes erneut verdeutlicht. Es kann angenommen werden, daß die

Fertilitätsentwicklung 59

die Bedeutung räumlicher Interaktionen zwischen Regionen unterschiedlichen Entwicklungsstandes erneut verdeutlicht. Es kann angenommen werden, daß die eher minder entwickelte Region Northern Mindanao, in der überwiegend noch traditionelle Subsistenzwirtschaft betrieben wird, durch die große Anzahl von Zuwanderern aus dem eher progressiven Central Visayas bezüglich ihres generativen Verhaltens nicht unerheblich geprägt wird (vgl. UNO 1978, S.55-60).

Auch die niedrige Fertilität zweier Provinzen von Western Visayas (Iloilo: TFR ca. 5,0; Negros Occidental: TFR ca. 5,3) dürfte das Resultat der von den städtischen Regionalzentren Iloilo City und Cebu City ausgehenden Impulse sein.

Betrachtet man nun die Fertilitätsveränderung innerhalb der letzten Dekade vor dem Zensus 1980, so stechen die Provinzen Benguet und Mountain Province in Ilocos, Isabela in Cagayan Valley und Bataan und Zambales in Central Luzon mit Abnahmen zwischen 19 und 24 Prozent besonders hervor. Kaum geändert hat sich das Fertilitätsniveau hingegen in fast allen Provinzen von Central und Western Mindanao (in letzterer Region verzeichneten lediglich Basilan und Zamboanga del Norte Rückgänge um etwa 10 Prozent). Vollkommen unwahrscheinlich ist die dem allgemeinen Trend entgegenlaufende Fertilitätszunahme auf Sulu und Tawi-Tawi in Western Mindanao und in Lanao del Sur in Central Mindanao. Die nach Zensusdaten ermittelten Werte dürften eher auf Erhebungsfehler in diesen abgelegenen Provinzen als auf die realen Verhältnisse zurückzuführen sein. Außer in Mindanao waren auch die Rückgänge in der Region Bicol mit etwa 6 bis 9 Prozent in der Mehrzahl der Provinzen eher gering, wenn man bedenkt, daß es sich hier um eine Region mit traditionell hoher Fertilität handelt. Aus der Zusammenschau der Karten 3 bis 5 ergibt sich hiermit als eindeutiger regionaler Schwerpunkt für zukünftige Bevölkerungsprogramme mit dem Ziel der Fertilitätsreduktion, d.h. einer Änderung des generativen Verhaltens, die verstärkte Konzentration aller Aktivitäten auf die Inselgruppe Mindanao und auf die Region Bicol.

Eine überblicksmäßige Zusammenfassung der Fertilitätsentwicklung auf Provinzbasis läßt nun zwar ein nach der Bogue-Palmore-Schätzung generell eher hoch liegendes Niveau der TFR erkennen (ungefähr drei Viertel aller Provinzen haben demnach totale Fruchtbarkeitsraten von 5 bis 7), es zeigt sich jedoch ebenfalls eine allgemein abnehmende Tendenz in der Höhe dieser Rate. Immerhin hat sich die Anzahl der Provinzen mit extrem hohen TFR-Werten (über 7) zwischen 1970 und 1980 von 12 auf 4 Provinzen verringert (vgl. dazu Tab. A8 im Anhang).

Karte 4:
Totale Fruchtbarkeitsrate 1970 nach Provinzen

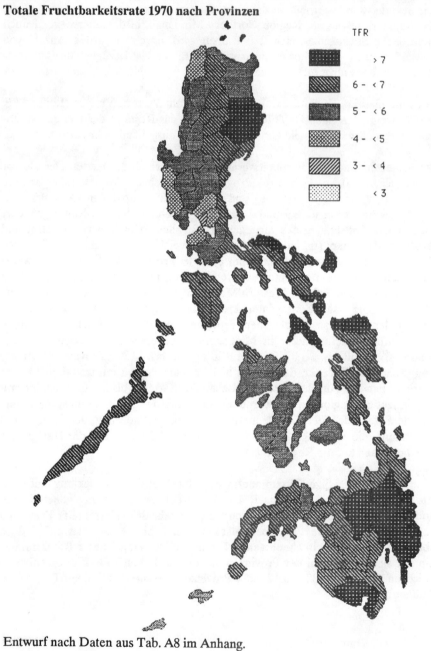

Entwurf nach Daten aus Tab. A8 im Anhang.

Karte 5:
Totale Fruchtbarkeitsrate 1980 nach Provinzen

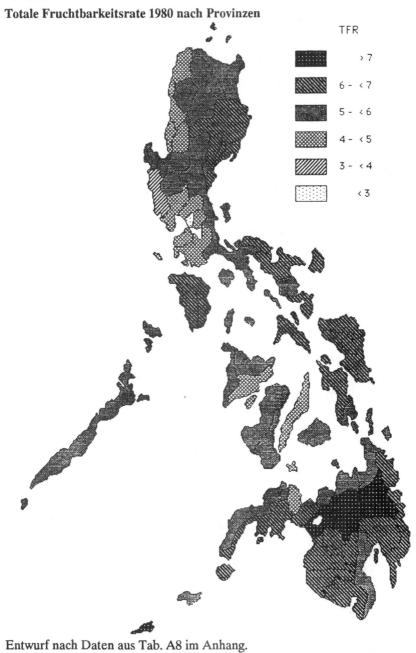

Entwurf nach Daten aus Tab. A8 im Anhang.

Karte 6:
Veränderung der totalen Fruchtbarkeitsrate 1970 - 1980 nach Provinzen

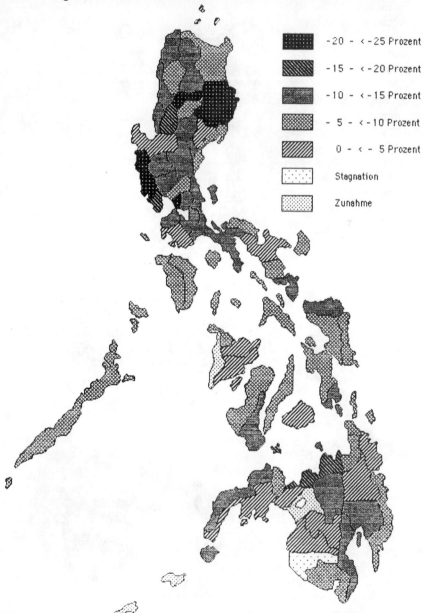

Entwurf nach Daten aus Tab. A8 im Anhang.

Dies deutet darauf hin, daß in bestimmten Regionen und speziellen Bevölkerungsgruppen, die aufgrund ihrer jeweiligen schichtspezifischen Merkmale von der restlichen Bevölkerung abstechen, bereits eine Änderung des generativen Verhaltens stattgefunden hat. Inwiefern diese Entwicklung nun durch Regierungsprogramme gesteuert wurde oder möglicherweise von anderen Faktoren, die sich der Kontrolle aufgrund ihrer Eigendynamik weitgehend entziehen, geleitet wurde, soll in den weiteren Kapiteln untersucht werden.

Die nach der Empfehlungen der Weltbevölkerungskonferenz 1984 bis zum Jahr 2000 anzustrebende Reduzierung der Fruchtbarkeit auf das Ersatzfruchtbarkeitsniveau (= TFR etwa 2) scheint allerdings utopisch. Laut UNO (World Population Prospects as Assessed in 1984, medium variant) wird die totale Fruchtbarkeitsrate der Philippinen in der Periode 1995 bis 2000 noch immer bei einem Wert von 3,09 liegen und sich erst zwischen 2020 und 2025 auf einem Niveau von 2,06 einpendeln.

4.4.2.3 Zum generativen Verhalten verheirateter Frauen in seiner zeitlichen Veränderung

Hat sich die vorliegende Analyse bisher mit der Reproduktionsleistung der gesamten philippinischen Bevölkerung (CBR) bzw. der Frauen im gebärfähigen Alter (TFR) befaßt, so soll abschließend noch kurz auf die Fertilität innerhalb der Familie eingegangen werden. Die totale Fruchtbarkeitsrate verheirateter Frauen (engl.: *total marital fertility rate* = TMFR) ist im Gegensatz zur totalen Fruchtbarkeitsrate nicht durch die Nuptialitätsstruktur und deren Wandel geprägt. Gerade für die Philippinen - wo uneheliche Geburten aufgrund der großteils katholischen Bevölkerung zahlenmäßig kaum ins Gewicht fallen - stellt die TMFR daher einen aussagekräftigen Indikator der Fertilitätsentwicklung dar. Als hauptsächliche Zielgruppe der staatlichen Familienplanungsprogramme eignet sich die Gruppe der verheirateten Frauen im Alter von etwa 25 bis 40 Jahren besonders für Fertilitätsstudien zur Messung des Effekts bzw. des "Erfolges" der staatlichen Familienplanungsprogramme.

Hackenberg und Magalit (1985) betonen dazu in ihrer umfangreichen Untersuchung der Fertilitätsentwicklung auf den Philippinen, daß der Abfall der totalen Fruchtbarkeitsrate verheirateter Frauen im Vergleich zum Abfall der totalen Fruchtbarkeitsrate seit 1970 eher minimal ist. Für den Zeitraum von 1970 bis 1977 zeigt die TFR nach ihrer Berechnung einen Rückgang von 21 Prozent, während die TMFR nur um 4 Prozent sank. Mißt man den Beitrag der staatlichen Maßnahmen zur Senkung des Fertilitätsniveaus nun allein an der Entwicklung der TMFR, so scheint die Wirkung der Familienplanungsprogramme eher gering zu sein. Die zu beobachtende Fertilitätsreduktion dürfte demnach vielmehr durch andere Faktoren als durch die sozusagen "von oben" gelenkte Propaganda und die staatliche Förderung der Kleinfamilie ausgelöst worden sein. Verschiedenen demo-ökonomischen Variablen kommt nämlich eine ausschlaggebende Rolle im demographischen Wirkungsgefüge zu. Schichtspezifische, den sozialen Status des jeweiligen Haushalts und der Frau bestimmende Merkmale wie das Bildungsniveau, die Art der Berufstätigkeit und die Stellung im Beruf, aber auch der Urbanisierungsgrad des Wohnortes erweisen sich hier als maßgeblich für die Entfaltung des generativen Verhaltens. Der demographische Wandel wird also vor allem im Rahmen der allgemeinen sozio-ökonomischen Gesellschaftsveränderung gesehen, wobei den gezielten staatlichen Steuerungsversuchen, die direkt auf die Geburtenzahlen zu wirken versuchten, eher marginale Bedeutung beigemessen wird.

Wenn diese Darstellung auch durchaus den realen Umständen entsprechen dürfte, so ist bei der Interpretation des von Hackenberg und Magalit analysierten Datenmaterials Vorsicht geboten. Es muß berücksichtigt werden, daß es sich hierbei um eine Gegenüberstellung von Daten aus dem NDS 1973[25] für die Werte von 1970 und des AFS 1978[26] für Werte von 1977 handelt. Abgesehen davon, daß der NDS 73 die Auswertung einer abgeschlossenen vierjährigen Erhebung ist und der AFS 78 nur die Ergebnisse des Erhebungsjahres 1978 enthält, deckt der AFS nur fünf markante Regionen des Landes ab, während der NDS auf nationaler Ebene erfolgte (vgl. Kap. 2).

Schätzt man nun die Änderungen in der Reproduktionstätigkeit der Bevölkerung einzig anhand dieser beiden Surveys ab, so kann man daraus zwar eine Trendanalyse erstellen und eine grobe regionale Differenzierung vornehmen, exakte Angaben über die Entwicklung der einzelnen Maßzahlen der Fertilität sind jedoch schwierig.

Die Diskrepanz im Rückgang der TMFR gegenüber der TFR scheint weitaus geringer, wenn man die Ergebnisse des NDS 1973 mit jenen des RPFS 1978 vergleicht. Ein Vorteil ist hierbei, daß der RPFS ebenso wie der NDS auf nationaler Ebene erstellt wurde und daß beiden Untersuchungen ein ähnlicher Fragenkatalog zugrundeliegt. Laut RPFS 1978 liegt die TFR 1977 bei 4,96 und die TMFR bei 9,10, was bei Werten von 5,89 für die TFR und 4,66 für die TMFR im Jahre 1970 einen Rückgang von 16 Prozent (TFR) und 6 Prozent (TMFR) bedeutet. Die TMFR-Reduktion hinkt demnach dem Rückgang der TFR nur um 10 Prozentpunkte nach und nicht um 17 Prozentpunkte wie beim Vergleich des NDS 1973 mit dem AFS 1978 (vgl. Laing 1986). Beachtlich geringer ist nach dem RPFS auch das allgemeine Ausmaß des Fertilitätsrückganges, was darauf zurückzuführen ist, daß vier der fünf im AFS erfaßten Regionen - und zwar Metro Manila, Central Luzon, Southern und Northern Mindanao - zu jenen mit dem beachtlichsten Fruchtbarkeitsrückgang zwischen 1970 und 1980 zählen (vgl.

Tab. A8 im Anhang). Der AFS 1978 liefert daher auf nationaler Ebene etwas verzerrte Werte, für die regionale Analyse hat er sich hingegen als sehr wertvoll erwiesen.

Tabelle 20:
Altersspezifische Fertilitätsraten verheirateter Frauen 1965, 1970 (NDS) und 1977 (RPFS)

Altersgruppe	1965*	1970	1977
TMFR	9,67	9,63	9,10
15 - 19	430	449	436
20 - 24	434	443	443
25 - 29	388	378	331
30 - 34	314	307	288
35 - 39	237	217	202
40 - 44	110	108	99
45 - 49	21	24	20

* Daten für 1977 aus RPFS 1978; für 1970 aus NDS 1973 und für 1965 aus einer Schätzung der Werte für 1963-67 nach Ergebnissen des NDS 1973.
Quelle: RPFS 1978, S.102.

Betrachtet man nun nochmals die Entwicklung der TMFR nach dem RPFS, so zeigt die Aufschlüsselung nach Altersgruppen nahezu unveränderte Fruchtbarkeitsverhältnisse der Frauen im Alter von 15 bis 24 Jahren. Im Vergleich zum recht markanten Abfall der TFR für Frauen im Alter von 20 bis 24 Jahren kann dies als Indiz für den Beitrag des ansteigenden Heiratsalters zum Fertilitätsrückgang der letzten Dekaden gewertet werden. In der Gruppe der Dreißig- bis Vierzigjährigen, also jener Frauen, von denen die staatliche Familienplanungspolitik aufgrund der bereits vorhandenen Kinderzahl die größte Bereitschaft zur Empfängnisverhütung erwartet, sank die TMFR eher mäßig. Recht beachtliche Rückgänge waren allerdings bei verheirateten Frauen im Alter von 25 bis 29 Jahren zu verzeichnen.

Als direktes Maß der Reproduktionstätigkeit innerhalb verschiedener Frauenkohorten soll abschließend noch auf die durchschnittliche Anzahl der jemals geborenen Kinder verheirateter Frauen - inklusive verwitweter und geschiedener Frauen (engl.: *children ever born* = CEB) eingegangen werden. Die neuesten diesbezüglichen Ergebnisse stammen aus einer Vorauswertung des letzten NDS aus dem Jahre 1983.

Mit Hilfe der ersten Resultate dieser aktuellen Erhebung sowie den Werten aus den vorangegangenen National Demographic Surveys in den Jahren 1968 und 1973 und Daten aus dem RPFS 1978 läßt sich eine relativ ausbalancierte Zeitreihe für die durchschnittliche Kinderzahl verheirateter Frauen gewinnen. Aus der Aufschlüsselung nach Altersgruppen lassen sich typische Trends im generativen Verhalten ablesen. Frauen im Alter zwischen 30 und 44 Jahren haben demnach im Jahr 1983 durchschnittlich 0,6 bis 0,7 Kinder weniger geboren als 1968. Die Normen für die allgemein angestrebte Familiengröße dürften sich demnach innerhalb einer Periode von 15 Jahren recht beachtlich verschoben haben. Aus der Tatsache, daß jüngere verheiratete Frauen fast unverändert hohe Kinderzahlen aufweisen, während Frauen der mittleren Altersgruppen nennenswerte Rückgänge zu verzeichnen hatten, läßt sich wiederum der Einfluß des ansteigenden Heiratsalters ablesen. Aber auch die Ausbreitung der Empfängnisverhütung in den letzten Jahren hat sicherlich ihren Anteil daran, bedenkt man, daß auf den Philippinen vor allem Frauen, die bereits einige Kinder geboren haben, Verhütungsmittel anwenden.

Tabelle 21:
Durchschnittliche Anzahl der geborenen Kinder verheirateter Frauen[+] im reproduktionsfähigen Alter (14-49 Jahre alt) nach Altersgruppen 1968 - 1983

Altersgruppe (in Jahren)	1968	1973	1978	1983
15 - 19	1,1	0,8	0,9	0,7
20 - 24	1,8	1,9	1,9	1,7
25 - 29	3,2	3,1	3,0	2,9
30 - 34	4,6	4,5	4,3	3,9
35 - 39	5,7	5,7	5,7	5,1
40 - 44	6,3	6,5	6,7	5,6
45 - 49	6,2	6,4	7,0	6,7
gesamt	4,6*	4,6*	4,6	4,0

+ Durchschnittliche Anzahl der Kinder, die Frauen, die jemals verheiratet waren (also inklusive verwitweter und geschiedener Frauen), geboren haben.
* Nur für Frauen im Alter von 15 bis 44 Jahren.
Quelle: RPFS 1978; Domingo, Flieger, Madigan 1985, S.61.

Die regionale Differenzierung der Anzahl der durchschnittlich geborenen Kinder für die drei Hauptinselgruppen zeigt für Luzon und Visayas recht plausible Werte. Unwahrscheinliche Abweichungen ergeben sich hier nur für die letzte Altersgruppe, die plötzlich höher liegt. Diese Anomalie, die auch im nationalen Vergleich auftritt und schon in bezug auf die altersspezifische Fruchtbarkeitsrate

Fertilitätsentwicklung 67

diskutiert wurde, kann nur auf Erhebungsfehlern beruhen. Auch die vergleichsweise niedrigen Werte der Inselgruppe Mindanao sind äußerst anzuzweifeln. Alles bisher über die demographische Struktur dieser Inselgruppe Gesagte sowie die TFR-Schätzungen deuten auf hohe Fertilität hin. Auch hier liegen wohl Erfassungsmängel vor, was bei dem allgemein rückständigen Entwicklungsniveau Mindanaos nicht verwundert.

Tabelle 22:
Anzahl der geborenen Kinder verheirateter Frauen im reproduktionsfähigen Alter nach Hauptinselgruppen 1983

Altersgruppe (in Jahren)	Luzon	Visayas	Mindanao	Philippinen
15 - 19	0,7	0,8	0,6	0,7
20 - 24	1,7	1,8	1,7	1,7
25 - 29	2,8	3,3	2,9	2,9
30 - 34	3,8	4,2	3,8	3,9
35 - 39	5,1	5,8	5,1	5,1
40 - 44	5,5	6,4	6,6	5,6
45 - 49	6,7	7,6	6,2	6,7
alle Altersgruppen	3,9	4,7	3,8	4,0

Quelle: Domingo, Flieger, Madigan 1985, S.62.

4.4.2.4 Das Fertilitätsniveau in seiner Abhängigkeit von indirekten Determinanten

Wenn auch die exakte Quantifizierung des Effekts indirekter Faktoren auf die Fertilitätsentwicklung Schwierigkeiten bereitet, so liefert die Analyse der unterschiedlichen Fertilitätsniveaus nach dem sozio-ökonomischen und sozio-kulturellen Status der Frau doch entscheidende Fakten zum Stellenwert der einzelnen Variablen innerhalb des demo-ökonomischen Wirkungsgefüges.

Für eine Darstellung der beobachteten Zusammenhänge im langfristigen Verlauf wurde die durchschnittliche Anzahl der jemals geborenen Kinder für Frauen, die bereits zehn bis neunzehn Jahre verheiratet sind, gewählt. Unterschiede im Zeitpunkt der ersten Heirat werden durch die in etwa gleich lange Eheführung der Interviewten relativiert. Dies ist insofern von Bedeutung, als schichtspezifische Unterschiede im Heiratsalter einigen Einfluß auf das Fertilitätsniveau haben.

Ein markanter Fertilitätsabfall zeigt sich in der Gegenüberstellung (Tab.23) nun nach dem Bildungsstand - die einzige Ausnahme bilden Frauen ohne Schulbildung, deren Kinderzahl etwas unter jener der Frauen mit geringer Schulbildung liegt. Ebenso sticht die größere Kinderzahl der ländlichen gegenüber der städtischen Bevölkerung hervor. Dementsprechend liegt die Fertilität der Frau besonders hoch, wenn der Ehemann einem landwirtschaftlichen Beruf nachgeht. Ein differenziertes Muster ergibt sich bezüglich des Effekts weiblicher Berufstätigkeit: Frauen, die gegenwärtig beschäftigt waren, zeigen die geringste Kinderzahl, unabhängig davon, ob sie bereits vor ihrer ersten Heirat einem Beruf nachgingen; die meisten Kinder hatten Frauen geboren, die niemals berufstätig waren. Allerdings können für diese Verhältnisse auch altersmäßige Unterschiede verantwortlich gemacht werden. Die hier erfaßten Frauen ohne Berufserfahrungen sind durchweg älter, die als gegenwärtig berufstätig Registrierten hingegen zwischen 25 und 29 Jahren (siehe auch Kap. 5.6.3).

Tabelle 23:
Durchschnittliche Anzahl der geborenen Kinder für 10 bis 19 Jahre verheiratete Frauen nach ausgewählten Einflußfaktoren 1977 (RPFS)

Variable	durchschnittl. Anz. d. Kinder	Variable	durchschnittl. Anz. d. Kinder
Bildungsgrad		**Beruf des Ehemannes**	
keine	5,1	Akademiker	4,0
Elementarschule	5,4	Büroangestellter	4,0
mittlere Schule	5,4	Kaufmann	4,7
Highschool	4,7	Landwirt, selbständig	5,4
einige Jahre College	4,0	Landwirtschaft, nicht selbstst.	5,4
College	3,9	Dienstleistungsbereich	4,4
		Facharbeiter	5,1
Region		Arbeiter, ungelernt	5,1
Metro Manila	4,2		
Luzon	5,1	**Berufstätigkeit vor bzw. nach**	
Visayas	5,2	**der Heirat und gegenwärtig**	
Mindanao	5,4	vorher und gegenwärtig	4,7
		vorher und nach der Heirat	5,2
Wohnsitz		nur nach der Heirat	5,1
urban	4,5	nur vor der Heirat	5,1
rural	5,3	niemals berufstätig	5,3
Religion			
Röm. Katholisch	5,1		
Protestantisch	4,9	**Gesamt**	5,1
Igleisa ni Kristo	4,4		
Aglipayan	5,1		
Islam	5,0		
Andere	5,2		

Quelle: RPFS 1978, S.93.

Auch nach der Religionszugehörigkeit der Frauen ergeben sich beachtliche Unterschiede, wobei Anhängerinnen der Iglesia ni Kristo[27] die niedrigste Kinderzahl aufweisen, was durch die Konzentration dieser Glaubensgemeinschaft in Central Luzon, einer Region niedriger Fertilität, erklärt werden kann. Die geringe Kinderzahl der Moslemfrauen überrascht angesichts der Tatsache, daß es sich hier meist um Bauersfrauen mit minimalster Schulbildung und ohne Berufserfahrung handelt; vermutlich kam es hier zu erhebungsbedingten Datenungenauigkeiten. Bedenkt man, daß der Großteil der Moslems in der kinderreichen Region Mindanao angesiedelt ist, so scheint dies um so plausibler. Die eher niedrige Fertilität der Protestantinnen hingegen steht im Einklang damit, daß die Frauen dieser Religionsgruppe häufig berufstätig sind.

Neben diesen langfristigen Effekten verschiedener sozio-ökonomischer und kultureller Faktoren zeigen sich auch unmittelbare Auswirkungen auf das Fertilitätsniveau. Greift man zum Beispiel den Bildungsgrad der Frau als besonders bedeutende Variable heraus, so zeigen sich auch in der TMFR beachtliche Unterschiede. Die altersmäßige Aufschlüsselung bringt dabei einen ausgeprägten Fertilitätsabfall der Frauen mit mittlerer Schulbildung und der Highschoolabsolventinnen ab einem Alter von etwa 29 Jahren zu Tage. Bei ungebildeten Frauen hingegen verringert sich die Reproduktionsleistung erst um zirka zehn Jahre später. Andererseits liegt die Fertilität verheirateter Frauen zwischen 15 und 24 Jahren höher, wenn sie eine bessere Schulbildung genossen haben. Dies kann als Indiz dafür gewertet werden, daß diese Frauen ihre Kinder möglichst kurz nach der Heirat gebären und dann zur Empfängnisverhütung übergehen (vgl. Abb.12).

Als weiterer Gesichtspunkt scheint noch die Differenzierung der Fertilität nach den jeweiligen Einkommensverhältnissen einer Familie von Bedeutung. Hackenberg und Magalit (1985) bieten für die fünf Regionen des AFS 78 eine Auswertung der Relation zwischen der totalen Fruchtbarkeitsrate verheirateter Frauen (TMFR) und dem Einkommensniveau nach Wohnsitzklassen. In urbanen und semi-urbanen Gebieten[28] besteht demzufolge eine inverse Korrelation zwischen Haushaltseinkommen und Fertilitätsniveau. In den Regionen Northern Mindanao und Western Visayas (also jenen mit eher hoher Fertilität) zeigt sich hingegen im ruralen Raum die geringste Fertilität in der mittleren Einkommensklasse, die höchsten TMFR-Werte finden sich demgegenüber in der letzten Einkommensklasse.[29] Dies kann dadurch erklärt werden, daß die Landbevölkerung jener wenig entwickelten Regionen Kinder als zusätzliche Familienernäher und Garanten der Altersversorgung der Eltern schätzt und aufgrund ihrer allgemeinen Lebensorganisation in der Subsistenzwirtschaft und als Tagelöhner auch auf diese angewiesen ist. Auch das vergleichsweise niedrige Niveau der "Höchsteinkommen" dieser Region kann eine Ursache dafür sein; im Einklang mit der von Encarnacion formulierten Hypothese, nach der die Fertilität erst ab einer gewissen Einkommensschwelle sinkt, kann materielle Besserstellung hier also als Anreiz zu relativem Kinderreichtum wirken (vgl. Hackenberg und Magalit 1985, S.192).

Abbildung 12:
Fertilität verheirateter Frauen nach dem Bildungsgrad zwischen 1973 und 1977 (RPFS)

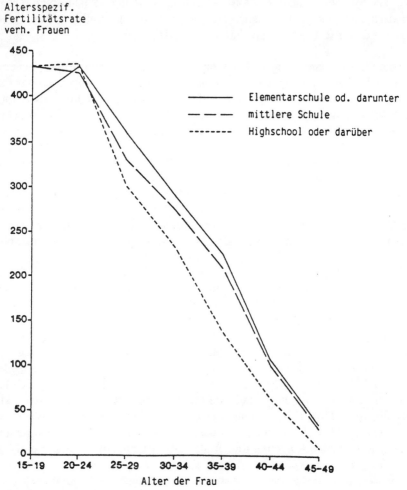

Quelle: Morada et.al. 1984, S.38.

Tabelle 24:
Fruchtbarkeitsrate verheirateter Frauen im Alter von 20 bis 39 Jahren nach Haushaltseinkommen und Wohnsitzklasse 1977 (AFS)

		Urban	Semi-Urban	Rural	Total
Region 3	< 250	6,43	6,68	5,87	5,97
	250 - 499	4,16	5,83	6,22	6,05
	500 +	4,23	5,39	6,02	5,92
Region 6	< 250	6,64	8,07	7,22	7,24
	250 - 499	7,03	5,64	6,13	6,16
	500 +	4,92	5,74	7,33	6,96
Region 10	< 250	7,25	6,66	7,25	7,20
	250 - 499	5,97	5,43	5,79	5,77
	500 +	6,09	6,17	7,94	7,69
Region 11	< 250	5,59	7,29	7,56	7,48
	250 - 499	6,08	6,38	7,61	7,47
	500 +	5,26	6,49	5,44	5,51
Region 13	< 250	5,58	6,18	-	5,67
	250 - 499	4,86	5,29	-	4,92
	500 +	5,11	4,31	-	4,98

Quelle: Hackenberg und Magalit 1985, S.191.

Angesichts der tragenden Rolle, die sozio-ökonomischen Indikatoren innerhalb des Fertilitätswandels zukommt, interessiert nun deren Ausprägung und Verteilung innerhalb der philippinischen Gesellschaft. Die gegenwärtige Situation ist alles andere als egalitär, sondern durch die Benachteiligung weiter Bevölkerungskreise gekennzeichnet. Dies wirkt sich, wie auch Hackenberg und Magalit bemerken, nachhaltig auf die Fertilitätsverhältnisse aus:

Prevailing high fertility areas are uniformly characterized by informal sector employment, elementary school education, ..., low income and lower class status. (Hackenberg und Magalit 1985, S.188)

5 Aspekte des sozio-ökonomischen und sozio-kulturellen Entwicklungsstandes der Philippinen in ihrer Auswirkung auf den demographischen Wandel

5.1 Das demo-ökonomische Wirkungsgefüge als Bestandteil der gesellschaftlichen Ordnung

Unter Berücksichtigung der indirekten Komponenten, die zur Steuerung demographischer, insbesondere fertilitätsreduzierender Prozesse beitragen, erscheint das demo-ökonomische System als wesentlich durch die soziale, wirtschaftliche, politische und kulturelle Organisationsform der Gesellschaft geprägt. Demographische und ökonomische Entscheidungen stehen, wie sich gezeigt hat, auf Haushaltsebene in enger Beziehung zueinander - dementsprechend sensibel reagiert das demo-ökonomische Wirkungsgefüge auf der Mikroebene auf Veränderungen im gesellschaftlichen Bezugsrahmen.

Im Zuge des Modernisierungsprozesses kam es zu Umschichtungsvorgängen innerhalb der philippinischen Gesellschaft, von denen vorerst nur ein Teil der Bevölkerung betroffen ist. Insgesamt präsentiert sich der Fertilitätswandel auf den Philippinen als schichtspezifisches Phänomen, das an einen relativ hohen sozio-ökonomischen Status gebunden ist; regionale Fertilitätsunterschiede können dabei größtenteils als Spiegel des bestehenden Entwicklungsgefälles zwischen und innerhalb den einzelnen Regionen angesehen werden. Cant (1970) wies einen eindeutigen Zusammenhang zwischen Fertilitätsniveau und Lebensstandard für die einzelnen Regionen nach. Hackenberg und Magalit (1985) betonen ebenfalls den selektiven Charakter des Fertilitätswandels auf den Philippinen:

> While favoured regions certainly demonstrate the possibility of a further transition in fertility, they divert attention from the predominant situation of rural poverty with high fertility in which the realization of this possibility is extremely remote. (Hackenberg und Magalit 1985, S.79)

Angesichts der Tatsache, daß die bisherige Sozial- und Wirtschaftspolitik es versäumt hat, den Lebensstandard der Massen zu heben, sozio-ökonomische Disparitäten hingegen eher zu- als abnehmen, scheint das Potential für eine rapide Diffusion neuartiger Entscheidungsmuster bezüglich des generativen Verhaltens extrem eingeschränkt. Auch die Familienplanungsprogramme operieren meist in einem spezifischen sozialen Umfeld, das sich in einem Entwicklungsland wie den Philippinen erst bei höherem sozialen Status entfaltet.

5.2 Die sozio-politische Struktur der Gesellschaft

5.2.1 Exkurs: Abriß der politischen Entwicklung der Philippinen

Ohne näher auf die Ursachen der prekären politischen Situation des Landes eingehen zu wollen, sei der Diskussion der sozio-ökonomischen Rahmenbedingungen des Fertilitätswandels ein Überblick über die politische Vergangenheit vorangestellt, der zum Verständnis der gegenwärtigen Situation unerläßlich ist.

Die relativ frühe Kolonisation der Philippinen durch die Spanier im 16. Jahrhundert und die Ende des 19. Jahrhunderts erfolgte Annektierung durch die Vereinigten Staaten (bis zur Entlassung in die Unabhängigkeit im Jahr 1946) sind einerseits für die Etablierung einer Hierarchie städtischer Enwicklungspole, innerhalb deren Manila Monopolstellung genießt, verantwortlich, andererseits entstanden so die ersten Zentren "westlichen Gedankenguts". Die Grundsteine zur gesellschaftlichen Veränderung wurden also bereits in der entfernten Vergangenheit gelegt: die regionale Differenzierung sozio-ökonomischer Strukturen hat hier ihre Wurzeln.

Die historische Entwicklung der Philippinen in den letzten fünf Jahrzehnten stellt ein besonders brisantes Thema dar, wurden doch soziale und wirtschaftliche Struktur des Landes erheblich von den politischen Machtverhältnissen und den Revolutionsbetrebungen oppositioneller Gruppen geprägt. Die Folgen der Marcos-Diktatur wirken bis heute nach: Nahezu zehn Jahre lang (von 1972 bis 1981) lebte das Volk unter Kriegsrecht, aufgrund der herrschenden Landlosigkeit kam es immer wieder zu Bauernprotesten, eine verfehlte Wirtschaftspolitik löste die stetig anwachsende Verschuldungslawine aus - heute sieht das Land sich angesichts wachsender sozio-ökonomischer Disparitäten und ständiger Unruhen in der politischen und sozio-ökonomischen Krise (vgl. Nimsdorf 1988, S.178, S.212). Denn auch nach der Machtübernahme durch die demokratische Regierung Corazon Aquinos (die aus der "friedlichen Revolution" des Volkes und der darauf folgenden Revolte des Militärs resultierte) konnten die akuten Probleme nicht zufriedenstellend gelöst werden: Tiefsitzende Strukturmängel sind bis heute nicht überwunden.

Zwar hat die Regierung Aquino die Wurzel allen Übels erkannt, indem sie sich dazu entschlossen erklärte, soziale Ungerechtigkeiten zu beseitigen; angesichts des ungeheuren Machtapparates, der hinter diesen Strukturen steht, sieht sie sich bei der Umsetzung ihrer egalitären Bestrebungen aber mit erheblichen Schwierigkeiten konfrontiert. Das Grundkonzept der neuen Entwicklungsstrategie ist vielversprechend. So heißt es im Fünfjahresplan 1987-1992:

The ultimate aim of development efforts is the eradication of poverty and the attainment of a better life for each and every Filipino in an equitable and just society ... The government is determined to move away from a system of granting privilege to selected groups. (Development Plan 1987-1992, S.3)

Weiters hat man auch erkannt, daß die Fehlentwicklungen der letzten Jahrzehnte zum Großteil aus einer strukturell einseitig ausgerichteten Wirtschaftspolitik, die nur einer kleinen Oberschicht zugute kam, und aus der insgesamt einseitigen Entwicklungspolitik sowie dem Mißbrauch von Machtpositionen resultierten.

In den letzen Jahren konnte man bei der Durchführung der neuen Entwicklungskonzepte durchaus positive Erfolge verbuchen. So konstatierte eine Kommission der UNO zur Beurteilung der tatsächlichen Realisierung der Entwicklungsziele die erheblichen Bemühungen der Regierung "in alleviating the condition of the disadvantaged and marginalized population" (UNO 1989, S.8).

Auch im "Updated Medium-Term Philippine Development Plan 1988-1992" wird erneut betont, daß ökonomische Entwicklungsziele unter dem vorrangigen Bestreben der Armutsbekämpfung, der Schaffung produktiver Arbeitsplätze und der Förderung von Gleichheit und sozialer Gerechtigkeit gesetzt werden (vgl. UNO 1989, S.1).

Selbstverständlich können derartige gesellschaftliche Umwälzungen nicht von heute auf morgen durchgesetzt werden - noch dazu, wenn ein Großteil der Mächtigen im Land an Veränderungen, von denen sie nicht profitieren, nicht im geringsten interessiert ist. Erschwert wurde und wird die Durchsetzung der Entwicklungsziele einerseits durch die Nachwirkungen der Wirtschaftskrise von 1983, andererseits durch Widerstand aus einflußreichen Bevölkerungskreisen.

Die philippinische Regierung fand sich daher in einer für Entwicklungsländer nach revolutionärer Machtübernahme typischen Situation: Notwendige Reformen scheitern am Widerstand der heimischen Elite; starre Machtstrukturen widersetzen sich hartnäckig der Reform, und um nicht im Chaos zu landen, scheint es der Regierung notwendig, sich mit den Mächtigen zu arrangieren. Auch die philippinische Agrarreform brachte z.B. nicht den erwarteten Erfolg, da sie nicht im geplanten Ausmaß durchgeführt wurde.

Die einmal mobilisierte Masse der Bevölkerung reagierte auf die Enttäuschung ihrer Hoffnungen teilweise heftig, Oppositionsgruppen formierten sich, um den Kampf für mehr Gerechtigkeit auf eigene Faust zu führen. So führt die "Neue Volksarmee" heute einen Guerillakrieg gegen die Regierung Aquino. Im Bestreben, Herr der Unruhen zu werden, griff man von staatlicher Seite auch häufig zur gewaltsamen Unterdrückung oppositioneller Bewegungen, was neues Konfliktpotential schuf. Hauptleidtragender derartiger Kämpfe ist wie immer die einfache Bevölkerung, die in manchen Gebieten unter nahezu kriegsähnlichen Zuständen lebt.

So spiegelt sich in dem niedrigen Entwicklungsniveau einiger Regionen auch die politische Unsicherheit wider, in der die Philippinen sich noch immer befinden. Die Stützpunkte der illegalen Oppositionsorganisationen - von denen die National Democratic Front (NDF) den höchsten Organisationsgrad aufweist - und die ihnen angegliederte Guerilla liegen vorwiegend in Gebieten, die weniger entwickelt sind und aufgrund ihrer politischen Unruhe auch relativ geringere Chancen auf Eingliederung in nationale Entwicklungsprogramme haben. Hierzu zählen etwa verschiedene Gebiete der Inselgruppe Mindanao, aber auch Samar in der Region Bicol. Zudem findet sich in Teilen des Militärs ein beachtliches Potential für Umsturzbewegungen, was zur innenpolitischen Unsicherheit beiträgt (vgl. Nimsdorf 1988, S.178ff, Kotte 1988, S.154ff).

5.2.2 Die soziale Situation der philippinischen Bevölkerung

Die soziale Lage der Filipinos hat sich in den letzten Jahrzehnten eher verschlechtert als verbessert. Zwischen 1971 und 1985 stieg nicht nur die absolute Anzahl der Armen, sondern auch der Anteil der unterhalb der Armutsgrenze lebenden Bevölkerung wuchs beträchtlich an. Nach Berechnungen der Weltbank (Weltbank 1988, S.3) geht dieser Anstieg der relativen Armut allein auf die Ausbreitung der städtischen Armut zurück; offizielle philippinische Statistiken sprechen von einem Anstieg der relativen Armut sowohl im städtischen als auch im ländlichen Bereich, wobei die Situation in den Städten jedoch viel krasser ist. (Diese unterschiedlichen Ergebnisse sind möglicherweise auf die Anhebung der offiziellen Armutsgrenze zwischen 1971 und 1985 zurückzuführen.)

National sanken im Jahr 1985 59,3 Prozent aller Familien auf ein Niveau unterhalb der Armutsgrenze ab. Neben den rural-urbanen Disparitäten bestehen auch erhebliche regionale Unterschiede: In der Region Bicol, den drei Regionen von Visayas und auf der Inselgruppe Mindanao leben rund 66 bis 70 Prozent aller Familien unterhalb der Armutsgrenze, in Central Luzon hingegen nur 44 Prozent (Tab. 25).

Abgesehen vom enormen Ausmaß der absoluten und relativen Armut ist die soziale Situation der philippinischen Bevölkerung durch extreme Einkommensunterschiede gekennzeichnet. Auf den Philippinen findet man die weitaus krassesten Einkommensunterschiede unter allen Entwicklungsländern der mittleren Einkommensstufe (= *middle-income countries*). Im Jahr 1985 betrug das Einkommen der obersten zehn Prozent der Bevölkerung mehr als fünfzehnmal soviel wie jenes der untersten zehn Prozent (Weltbank 1988, S.iii).

Diese Verhältnisse sind nicht zuletzt auf die fragwürdige Festlegung der Prioritäten in der Entwicklungspolitik unter der Regierung Marcos zurückzuführen. So lagen z.B. die staatlichen Sozialausgaben (in Prozent des BNP) um 1985 um die Hälfte niedriger als in vergleichbaren "lower middle-income countries": Der Budgetanteil der Sozialausgaben machte nur etwa 20 Prozent aus. Obwohl sich dieser Anteil bis zum Jahr 1986 erhöhte, lagen die realen Pro-Kopf-Ausgaben im Sozialsektor in diesem Jahr unter dem Niveau von 1983. Eine Anhebung der Sozialausgaben um 45 Prozent (Realwert) im Jahr 1987 vermochte den Pro-Kopf-Anteil gerade wieder auf das Niveau von 1983 bringen, jedoch nicht zu steigern.

Eine Untersuchung der Weltbank macht "the significant participation of the private sector in both education and health care" (Weltbank 1988, S.25) dafür verantwortlich, daß die Staatsausgaben gering gehalten wurden. Der restriktive Charakter des philippinischen Sozialwesens wird durch die dominante Rolle des Privatsektors noch verstärkt.

Tabelle 25:
Absolute und relative Armut nach Regionen 1985

Region		Total absol.[a] Armut (1000 Fam.)	relat.[b] Armut (%)	Urban absol.[a] Armut (1000 Fam.)	relat.[b] Armut (%)	Rural absol.[a] Armut (1000 Fam.)	relat.[b] Armut (%)
Philippinen		5.676,6	59,3	1.875,9	52,1	3.800,7	63,7
NCR		550,5	44,1	550,5	44,1		
außerhalb NCR		5.126,1	61,6	1.325,4	56,3	3.800,7	63,7
I	Ilocos	364,9	52,3	89,7	56,2	275,2	51,1
II	Cagayan Valley	246,3	54,6	31,3	48,6	215,0	55,6
III	Central Luzon	420,0	44,4	178,5	45,2	241,5	43,8
IV	Southern Tagalog	712,2	55,9	241,7	50,6	470,5	59,1
V	Bicol	464,0	73,2	81,3	62,3	382,7	76,0
VI	Western Visayas	632,4	73,1	154,1	65,0	478,3	76,2
VII	Central Visayas	530,6	68,8	142,7	58,9	387,9	73,4
VIII	Eastern Visayas	385,4	70,4	81,9	70,1	303,5	70,5
IX	Western Mindanao	316,5	65,3	47,2	61,6	269,3	66,0
X	Northern Mindanao	355,4	66,2	91,7	65,7	263,7	66,3
XI	Southern Mindanao	426,0	61,7	143,1	59,6	282,9	62,8
XII	Central Mindanao	272,4	65,2	42,2	56,8	230,2	67,0

a Die absolute Anzahl der Familien unterhalb der Armutsgrenze.
b Anzahl der Familien unterhalb der Armutsgrenze in Prozent der Gesamtzahl der Familien.
Quelle: NEDA, Development Plan 1987-1992, S.51.

Sozio-politische Struktur der Gesellschaft

Nach dem aktuellen Entwicklungsplan der Regierung Aquino soll sich diesbezüglich einiges ändern. Für die Planungsperiode 1987 bis 1992 ist eine Reduzierung der relativen Armut auf 45,4 Prozent geplant - angesichts des Armutsausmaßes von 59,3 Prozent im Jahr 1985 ein recht ehrgeiziges Ziel.

Durch eine umfassende Neuorientierung der Wirtschafts- und Sozialpolitik - die im wesentlichen in der Konzentration auf bisher marginalisierte Bevölkerungsgruppen und der Förderung arbeitsintensiver Produktionsstrukturen besteht - hofft man auch eine gerechtere Einkommensverteilung herbeizuführen. Bis zum Jahr 1992 soll das Realeinkommen der untersten 60 Prozent der Bevölkerung rascher zunehmen als jenes der oberen 40 Prozent (vgl. Development Plan 1987-1992, S.373, sowie Tab. 26).

Weiters ist eine Erhöhung des Budgetanteils für Sozialausgaben geplant. Entfielen im Jahr 1987 nur 21,5 Prozent der Staatsausgaben auf den Sozialbereich, so sollen es 1992 bereits 39,2 Prozent sein (Abb. 13).

Tabelle 26:
Prozentuale Verteilung des gesamten Familieneinkommens nach Einkommenszehntel 1985 und 1992

Einkommenszehntel	1985	1992
Philippinen	100,0	100,0
ärmstes Zehntel	2,0	2,11
zweites Zehntel	3,2	3,61
drittes Zehntel	4,0	4,34
viertes Zehntel	4,9	5,24
fünftes Zehntel	6,0	6,93
sechstes Zehntel	7,2	7,36
siebentes Zehntel	8,9	9,24
achtes Zehntel	11,3	11,52
neuntes Zehntel	15,6	14,64
reichstes Zehntel	37,0	35,01

Annahmen:
1. Das für die Planperiode angestrebte Wachstum des BNP wird erreicht.
2. Der reale Einkommenszuwachs ist für die untersten 60 Prozent der Bevölkerung (= in etwa der Anteil der Familien unterhalb der Armutsgrenze), höher als für die oberen 40 Prozent.
Quelle: Development Plan 1987-1992, S.35.

Abbildung 13:

Budgetanteile einzelner Sektoren an den Staatsausgaben 1987 und 1992 (in %)

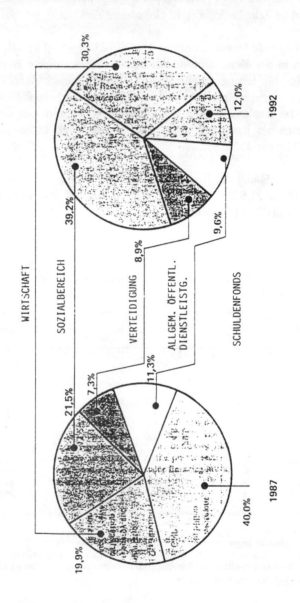

Quelle: Development Plan 1987. 1992, S.373.

5.3 Der Urbanisierungsprozeß in seinem raumwirksamen und gesellschaftsverändernden Folgeerscheinungen

Der Diffusion urbaner Lebensweise wird oft eine leitende Rolle im Fertilitätswandel zugeschrieben. Auf den Philippinen gebären Frauen im urbanen Raum auch tatsächlich im Durchschnitt ein Kind weniger als im ländlichen Bereich. Bedingt durch die spanische Kolonisation, setzte der Urbanisierungsprozeß auf den Philippinen relativ früh ein: Um 1903 wies das Land bereits einen Urbanisierungsgrad[30] von 13 Prozent auf. Heute hochindustrialisierte Länder wie Schweden und Japan erreichten entsprechende Werte nur zwei bis drei Dekaden früher; die südostasiatischen Länder Birma und Indonesien lagen erst 1950 in dieser Höhe, Thailand gar erst um 1970.

Globale Vergleiche dieser Art verlieren jedoch an Aussagekraft, wenn man bedenkt, daß ihnen eine je nach Land verschiedene Definition des urbanen Raums zugrunde liegt.[31] Zudem geben sie kaum Aufschluß über die Qualität und die spezifische Ausprägung der Verstädterung.

Unter Berücksichtigung der schon seit 1900 bestehenden Dominanz Manilas, das bereits über ein Jahrhundert lang Hauptstadtfunktion besitzt - das Zentrum Manila City wurde dabei erst in jüngster Vergangenheit von Quezon City (Region Metro Manila) abgelöst -, müßte man eher von einem Metropolisierungsprozeß sprechen (vgl. Bronger 1987, S.117-147). Lange Zeit erlangten nur Städte in einiger Entfernung von Manila überregionale Bedeutung, nämlich Cebu und Ilo Ilo in Visayas; in den letzten Jahren entpuppte sich Davao in Mindanao zusehends als wichtiges Regionalzentrum. Bedingt durch die enorme Bevölkerungszuwachsrate, hat sich die Vormachtstellung Manilas bis heute noch vergrößert: Betrug seine Einwohnerzahl 1948 nur um 5.000 mehr als die der 28 nächstgrößeren Städte zusammen, so stieg diese Differenz bis 1985 auf 1,125 Millionen an.

Nicht zuletzt dadurch kam es zur Konzentration aller Investitions- und Entwicklungstätigkeiten in der Hauptstadt und ihrem Hinterland, was zu einem ausgeprägten Entwicklungsgefälle von diesem Aktionszentrum nach außen führte. Im Entwicklungsplan 1987-1992 wird bereits auf die negativen Auswirkungen dieser einseitigen Entwicklungsförderung eingegangen:

> In the last three decades economic and social gains in the Philippines have been unevenly distributed. Much of the progress remained concentrated in a few regions. (Development Plan 1987-1992, S.49)

Tabelle 27:
Anteil der urbanen Bevölkerung nach Regionen 1970, 1975 und 1980

Region		Jahr 1970	1975	1980
Philippinen		31,8	33,4	37,3
NCR	Metro Manila	100,0	100,0	100,0
I	Ilocos	19,4	21,0	23,8
II	Cagayan Valley	14,1	13,4	15,5
III	Central Luzon	30,2	33,9	41,8
IV	Southern Tagalog	30,6	31,8	36,9
V	Bicol	19,2	18,4	21,5
VI	Western Visayas	26,7	26,7	28,3
VII	Central Visayas	27,9	28,9	32,0
VIII	Eastern Visayas	19,4	18,7	21,8
IX	Western Mindanao	15,7	14,9	17,1
X	Northern Mindanao	20,9	23,2	26,6
XI	Southern Mindanao	26,6	26,7	33,6
XII	Central Mindanao	15,6	15,5	18,8

Quelle: NCSO Philippines, *Census of Population and Housing 1980; Census of the Population and its Economic Activities 1975* , Concepcion 1985.

Es bestehen bereits Konzepte zum Ausgleich der Disparitäten zwischen den und innerhalb der einzelnen Regionen. Die Einsicht, daß jedem nationalen Problem auch eine regionale Dimension innewohnt, hat sich allgemein durchgesetzt. So strebt man für die Zukunft ein stärkeres Wachstum der Klein- und Mittelstädte an, was zu einem "decentralized pattern of urbanization" (Development Plan 1987-1992, S.63) führen soll. Auf diese Weise soll die städtische Infrastruktur (Schulen, Spitäler) vermehrt in den ländlichen Raum getragen werden.

Die ungleiche regionale Entwicklung der Vergangenheit kann allerdings nur in einem langsamen Prozeß wieder "rückgängig" gemacht werden. Die Benachteiligung einzelner Regionen und Bevölkerungskreise führte über einen kumulativen Effekt zu deren wachsender Marginalisierung, von der alle Lebensbereiche betroffen sind.

Die Verteilung der "Enklaven" niedriger Fertilität spiegelt so zum Teil das punktuelle Verstädterungsmuster wider. Metro Manila, Ilocos, Central Luzon, Southern Tagalog und Central Visayas - allesamt Regionen mit hohem Urbanisierungsgrad - weisen auch eher niedrige Fertilitätsraten auf. Vorschnelle Rückschlüsse auf den zukünftigen Fertilitätswandel dürfen jedoch nicht aus diesen Fakten gezogen werden: In der nur wenig urbanisierten Region Cagayan Valley vollzog sich zwischen 1970 und 1980 immerhin einer der beachtlichsten Fertili-

Tabelle 28:
Bevölkerungszahl der bedeutendsten Städte der Philippinen 1984

Stadt	Bevölkerung (absolut)
Dagupan	103.401
Davao	179.521
General Santos	183.255
Iligan	181.865
Iloilo	263.422
Las Pinas	190.364
Legaspi	108.864
Lipa	133.540
Lucena City	124.355
Makati	408.991
Malabon	212.930
Mandaue	137.300
Mandaluyong	226.670
Manila	**1.728.441**
Marikina	248.183
Muntilupa	172.421
Navotas	146.899
Olongapo	173.701
Ormoc	116.474
Paranque	252.791
Pasay	320.889
Pasig	318.853
Quezon City	**1.326.035**
San Carlos	107.080
San Juan	139.126
San Pablo	143.023
Tacloban	117.243
Taguig	130.719
Toledo	102.565
Valenzuela	275.725
Zamboanga	379.194

Quezon: UN-ESA, *Demographic Yearbook 1986.*

tätsrückgänge, wenn auch von einem sehr hohen Ausgangsniveau aus. Southern Mindanao hingegen, das einen ziemlich hohen Urbanisierungsgrad aufweist, zeigt trotzdem hohe Fertilitätswerte und nur mäßige Rückgänge. Dazu ist allerdings anzumerken, daß in dieser Region Klein- und Mittelstädte vorherrschen, die zum Teil noch eher ländlichen Charakter haben, deren Bewohner demnach auch keine typisch "städtischen" Normen- und Wertsysteme verinnerlicht haben.

In diesem Zusammenhang sei vor einer simplifizierten Betrachtungsweise der urban-ruralen Diskrepanzen im generativen Verhalten gewarnt. Wie sich erwiesen hat, ist der Urbanisierungsgrad einer Region zwar häufig, jedoch nicht immer ein Indikator niedriger Fertilität. Ebenso muß der Begriff der "urbanen

Bevölkerung" mit Vorsicht gehandhabt werden. Großstädte und vor allem Metropolen stellen komplexe Organismen dar, deren Bevölkerung keineswegs homogen ist. Führt man sich vor Augen, daß 27 Prozent der Einwohner der City von Manila in Slums und Squattersiedlungen leben, so bekommt man eine Vorstellung von der Größe dieser untersten Bevölkerungsschicht, die noch weiter ansteigen würde, wenn man die Zahl der nicht registrierten "illegals" mitzählte. Eine Differenzierung der städtischen Bevölkerung scheint daher für demo-ökonomische Untersuchungen angebracht, da ein urbaner Wohnsitz eben keineswegs immer als Indikator für einen hohen sozio-ökonomischen Status angesehen werden kann.

Der für den südostasiatischen Raum (ausgenommen Singapur und Birma) auch heute relativ hohe Anteil an urbaner Bevölkerung auf den Philippinen darf allerdings nicht darüber hinwegtäuschen, daß die Philippinen noch immer ein vorwiegend agrarisches Land sind. Das in den letzten Jahrzehnten eher schleppende Urbanisierungstempo[32] ist vor allem das Resultat der im Vergleich zur städtischen Bevölkerung viel rascher anwachsenden ländlichen Bevölkerung. So stieg der Anteil der Bevölkerung im urbanen Bereich nur in der Hälfte der Regionen rascher als jener der im ruralen Raum Ansässigen - und zwar in den Regionen Central Luzon, Ilocos, Southern Tagalog, Central Visayas und Northern und Southern Mindanao. Einzig in den Regionen Ilocos und Central Luzon übertraf der Zuwachs der städtischen Bevölkerung jenen der ländlichen um mehr als ein Prozent. Auch in den kommenden Jahrzehnten wird es daher vorwiegend die ländliche Bevölkerung sein, die für weitere demographische Veränderungen ausschlaggebend ist.

5.4 Organisation und Effizienz des Gesundheitswesens

Im Hinblick auf bevölkerungspolitische Implikationen erstellte Analysen der Ursachen und Folgewirkungen demo-ökonomischer Prozesse finden im Gesundheitssektor ihren ersten Ansatzpunkt. Nicht allein, daß der Gesundheitszustand der Bevölkerung entscheidenden Einfluß auf den Ablauf demographischer Vorgänge ausübt, die Gewährung einer zufriedenstellenden physischen Lebensqualität muß überdies vorrangiges Ziel jeder Bevölkerungs- und Entwicklungspolitik sein.

Hat sich das philippinische Gesundheitswesen bisher vorrangig auf die Eindämmung der Mortalität bzw. auf die Bekämpfung tödlicher Krankheiten konzentriert, so kommt ihm im Zuge der Modernisierung eine neue Rolle zu. Die Verringerung der Morbidität stellt eine weitere Komponente verbesserter Lebensbedingungen dar; der präventive Charakter effizienter Gesundheitsversorgung sollte dabei im Vordergrund stehen.

Gesundheitswesen 83

Dies wird im aktuellen Entwicklungsplan der Regierung Aquino auch ausdrücklich hervorgehoben. "Preventive health measures to combat malnutrition and communicable diseases will be given priority" (Development Plan 1987-1992, S.44) heißt es da. Die vorwiegend kurativ ausgerichtete Gesundheitspolitik vergangener Jahre wird nun verworfen - man hat erkannt, daß Gesundheitsversorgung bereits vor der Behandlung von Krankheiten beginnt und bei den sozialen Lebensumständen ansetzen muß. Der schlechte Gesundheitszustand der philippinischen Bevölkerung ist nämlich zum Großteil armutsbedingt.

Schon allein die Tatsache, daß heilbare Krankheiten wie Lungenentzündung und Tuberkulose (mit Raten von 89,6 bzw. 52,9 pro 100.000 der Bevölkerung) zu den Haupttodesursachen des Jahres 1984 zählten, weist auf gravierende Mängel des philippinischen Gesundheitssystems hin. Zwischen 1981 und 1984 hat sich die Situation noch verschlechtert statt verbessert (vgl. Tab. 29).

Tabelle 29:
Haupttodesursachen 1978 - 1984 (pro 100.000 der Bevölkerung)

Region	1978	1979	1980	1981	1982	1983	1984
Lungenentzündung	99,7	104,2	94,0	87,1	89,3	93,4	89,3
Tuberkulose, alle Formen	62,0	61,6	59,9	55,1	55,7	54,9	52,9
Herzkrankheiten	56,1	64,3	61,0	68,7	72,5	70,8	61,0
Magen-Darmkatarrh	41,0	35,5	28,0	32,7	25,1	29,0	27,8
Gefäßkrankheiten	34,3	44,5	44,0	42,6	42,4	51,8	39,6
bösartiges Neoplasma	30,9	32,8	33,3	32,4	33,1	34,6	30,2
Vitaminmangel u. andere ernährungsbedingte Krankheiten	27,9	17,5	15,4	13,9	11,9	13,6	13,4
Unfälle	19,1	24,2	18,7	19,2	11,5	11,0	16,8
Bronchitis, Asthma	12,9	-	9,3	-	-	-	-
Nierenerkrankungen	-	9,8	9,3	9,0	8,8	10,4	8,5
Masern	12,2	11,9	10,8	14,0	14,1	17,8	9,8

Quelle: Weltbank 1988, S.83 (Daten des NCSO, zitiert in NEDA: *Compendium of Philippine Social Statistics 1986*).

Auch Säuglinge und Kleinkinder sterben vorrangig an Lungenentzündung - 23,9 Prozent aller Todesfälle entfielen im Jahr 1983 allein darauf. Im selben Jahr zeigten 14,6 Prozent aller gestorbenen Säuglinge bereits als Neugeborene allgemeine Schwächeerscheinungen; 9,4 Prozent starben an Durchfallerkrankungen, 4 Prozent an Vitamin- und sonstigen Ernährungsmängeln.

Tabelle 30:
Anzahl privater und öffentlicher Spitäler sowie deren Bettenkapazität 1982 nach Regionen

Region		Gesamt Spitäler		Staatlich		Gesundheitszentr.		Privat	
		Anz. d.Spit.	Betten- kap.	An- zahl	Betten- kap.	An- zahl	Betten- kap.	Anz. d.Spit.	Betten- kap.
I	Ilocos	143	5.602	36	2.636	9	130	98	2.836
II	Cagayan Valley	121	3.087	38	1.825	6	90	77	1.171
III	Central Luzon	186	5.798	45	2.673	7	100	134	3.025
IV	South. Tagalog	234	10.440	58	5.548	19	285	157	4.607
V	Bicol	156	4.229	27	1.325	8	115	121	2.789
VI	Western Visayas	84	4.998	36	1.980	7	104	41	2.914
VII	Central Visayas	90	4.464	27	1.650	5	75	58	2.739
VIII	Eastern Visayas	69	2.651	33	1.810	8	120	28	721
IX	West. Mindanao	65	2.376	14	1.375	4	65	47	936
X	North. Mindanao	141	4.804	38	1.995	7	106	96	2.703
XI	South. Mindanao	177	5.059	20	1.230	7	100	150	3.729
XII	Central Mindanao	83	2.691	17	1.075	1	65	65	1.601
XIII	NCR-Metro Man.	1.726	80.456	421	36.129	88	1.305	1-217	43.031

Quelle: *Statistical Handbook of the Philippines 1984*, NCSO Philippines.

Das Ausmaß der Unterernährung bei Kleinkindern nahm seit 1980 ständig zu: Wiesen im Jahr 1982 17,2 Prozent aller Kinder im Vorschulalter unter 75 Prozent des Standardgewichtes auf, so waren es 1985 bereits 21,6 Prozent. Im Jahr 1982 war die Tagesnahrungszufuhr für Kinder im Alter zwischen sechs Monaten und vier Jahren bezüglich des Energiebedarfs im Durchschnitt nur zu 63 Prozent ausreichend, bezüglich des Bedarfs an Kalzium, Eisen und anderen Mineralstoffen war sie in der Regel nicht ausreichend. Nur 12 Prozent aller Kinder wurden mit 100 Prozent ausreichender Nahrung versorgt.

Zudem zeigen sich gravierende Disparitäten in der Pro-Kopf-Nahrungsaufnahme zwischen den sozialen Gruppen der Bevölkerung, was sich auch in bedeutenden regionalen Unterschieden äußert (vgl. Tab. 31). Jedoch auch innerhalb der Familien besteht ein Ernährungsgefälle, das zu denken gibt: Eltern sind in der Regel besser genährt als ihre Kinder, männliche Familienmitglieder besser als weibliche (vgl. Weltbank 1988, S.108). Ernährungsmängel führen naturgemäß zu einer Schwächung des Immunsystems und zu vermehrter Krankheitsanfälligkeit. Vor allem unter Kleinkindern und Schwangeren ist so zum Beispiel die durch Eisenmangel hervorgerufene Anämie weitverbreitet.

Diese Fakten illustrieren, daß es im Gesundheitssektor um weit mehr als nur um medizinische Aspekte geht: Ausreichende Ernährung und akzeptable sozio-ökonomische Lebensbedingungen sind die Grundvoraussetzung für physisches Wohlbefinden. Die Ausbreitung infektiöser Krankheiten wird zum Beispiel durch die schlechten sanitären Verhältnisse begünstigt: 1985 hatten 33 Prozent aller Haushalte keine Toiletten, 23 Prozent keinen sicheren Trinkwasserzugang.

Rühmte sich das Gesundheitsministerium in der Vergangenheit seiner Leistungen vor allem in Form einer Aufzählung von Bettenkapazitäten und Spitalneubauten, so sind derartige Angaben wohl kaum dazu geeignet, Aufschluß über die tatsächliche Versorgungssituation zu geben. Etwa die Hälfte aller Spitäler sind Privatspitäler.

Tabelle 31:
Unterernährungsrate nach Regionen 1984/1985 (basierend auf OPT$^+$-maßen; Gewicht : Alter)

Region	ersten Grades		zweiten Grades	
	1984	1985	1984	1985
Philippinen	16,0	17,8	2,2	2,3
NCR	17,1	16,5	1,7	2,1
I	19,1	17,0	3,2	3,1
II	13,3	14,1	1,9	1,9
III	13,8	13,3	1,6	1,5
IV	17,2	19,9	2,6	2,5
V	18,2	19,4	2,9	3,1
VI	21,4	21,8	2,6	2,9
VII	11,6	14,8	1,0	1,5
VIII	17,3	19,1	2,6	3,2
IX	13,8	14,2	2,2	2,1
X	15,5	26,9	1,7	2,0
XI	13,0	14,1	1,6	1,6
XII	16,0	20,5	3,0	3,6

$^+$ OPT = Operation Timpang (ein Projekt zur Gesundheitsversorgung)
Quelle: Weltbank 1988, S.172.

In einigen Regionen übertrifft ihre Anzahl sogar jene der staatlichen Spitäler. Kostenlose Betreuung ist keineswegs für jedermann gewährleistet; auch in staatlichen Institutionen muß der Patient für die Behandlung bezahlen. Bei der Aufnahme werden die Patienten nach ihrer Zahlungsfähigkeit klassifiziert; Bedürftige müssen meist noch immer 10 bis 34 Prozent der Behandlungskosten zuzüglich der Kosten für Medikamente bezahlen. Nur ein geringer Teil der Bevölkerung wird von Sozialversicherungssystemen wie "Medicare" erfaßt; gerade die ganz Armen sind aufgrund ihrer Beschäftigung im informellen Sektor vom Sozialversicherungsnetz gänzlich ausgeschlossen (vgl. Weltbank 1988, S.100). Daher kommen gerade jene Bevölkerungsschichten, die am krankheitsanfälligsten sind, kaum in den Genuß medizinischer Versorgung. Haushalte mit geringem Einkommen müssen außerdem einen relativ höheren Anteil ihrer Ausgaben für die Gesundheitsversorgung aufwenden, obwohl sie absolut nur einen geringeren Betrag dafür aufbringen können (vgl. Tab. 32).

Tabelle 32:
Durchschnittliche Ausgaben für medizinische Betreuung pro Familie nach Einkommensklassen, urban-rural 1985

Einkommensklasse (Pesos)	Gesamtzahl der Familien (1.000)	Durchschn.mediz.Ausgaben pro Fam. (Pesos)
Total - Urban	3.603	834
4.000	16	109
4.000 - 9.999	202	190
10.000 - 29.000	1.530	424
30.000 - 99.999	1.583	968
100.000 - 499.999	264	2.677
500.000 +	8	9.403
Total - Rural	5.963	386
4.000	108	78
4.000 - 9.999	1.210	169
10.000 - 29.000	3.561	337
30.000 - 99.999	1.030	757
100.000 - 499.999	53	2.083
500.000 +	1	2.718
Total - Philippines	3.603	834
4.000	124	85
4.000 - 9.999	1.411	177
10.000 - 29.000	5.092	368
30.000 - 99.999	2.612	880
100.000 - 499.999	318	2.521
500.000 +	9	8.335

Quelle: Weltbank 1988, S.93.

Abgesehen von diesen materiellen Zugangsbarrieren ergeben sich weitere Strukturmängel; so trug etwa die Gesundheitspolitik unter der Marcos-Diktatur kaum zur Hebung der allgemeinen Volksgesundheit bei. Die Schwerpunktsetzung lag hier bei spezialisierten Großprojekten wie dem "Herzzentrum für Asien" und dem "Lungen- und Nierenzentrum für Asien", die einen beachtlichen Teil des Gesundheitsbudgets verschlangen und nur zahlungskräftigen Angehörigen der Oberschicht offenstanden. Zudem leidet ein Großteil der staatlichen Spitäler und der lokalen "health centers" unter Ausstattungsmängeln, die eine adäquate Behandlung der Kranken unmöglich machen.

Häufig wird auch Kritik an der gesamten Konzeption der medizinischen Betreuung geübt. Die verordneten Medikamente sind für den Patienten zum Teil unerschwinglich, elementare Gesundheitsvorsorgeprogramme werden vernächlässigt, abgelegene Gebiete sind praktisch gar nicht versorgt. Ironischerweise hat sich auf den Philippinen eine beachtliche Pharmaindustrie entwickelt, die allerdings nur an der Weiterverarbeitung und Verpackung importierter Rohstoffe beteiligt und zu rund 70 Prozent in der Hand multi- und transnationaler Konzerne ist. Die Anzahl der im Land zirkulierenden Medikamente ist dementsprechend hoch.

Eine Weltbankstudie (1988) umreißt die Situation des Gesundheitssektors folgendermaßen:

> Yet, the health sector in the past allocated a substantial part of its scarce resources to expensive urban-based curative care based on hospitals and highly trained health professionals for which the poor have had limited financial and physical access. (Weltbank 1988, S.94)

Auch hier fand unter der Regierung Aquino ein Umdenkprozeß statt. Die Gesundheitspolitik für die Planungsperiode 1987-1992 läuft unter dem Aspekt der Basisversorgung (= "Primary Health Care Approach") für alle Bevölkerungsschichten, wobei die unter der Armutsgrenze lebende Bevölkerung als vorrangige Zielgruppe gilt.

Besonderes Gewicht wird auf die Hebung des Ernährungsstandards gelegt. Bis zum Ende der laufenden Entwicklungsperiode (bis 1992) will man vor allem die Unterernährung bei Säuglingen und Kleinkindern weitgehend eindämmen. Im Jahr 1992 soll der Prozentsatz der Kinder im Vorschulalter, die unter 75 Prozent des Standardgewichtes aufweisen, auf 13 Prozent reduziert worden sein. Diesbezüglich konnten auch bereits erste erfolgversprechende Strategien eingesetzt werden. Die Kommission der UNO zur Beurteilung des Standes der Realisierung einzelner Entwicklungskonzepte aus dem Fünfjahresplan 1987-1992 bescheinigt der Regierung eine geglückte Integration des "Food and Nutrition Program" in die gesamte Entwicklungskonzeption:

> To supplement traditional direct nutrition interventions, linkages were established with sectors which address the root causes of malnutrition, e.g. poverty and food inaccessibility... The integration of nutrition considerations in agriculture and rural development (INCARD) programs is the first step towards maximizing the nutritional impact of development programs. (UNO 1989, S.4)

Eine elementare Rolle wird dem Gesundheitssektor in der Forcierung der Familienplanung zugewiesen. Vor der Information über Methoden der Empfängnisverhütung und deren Bereitstellung für die Bevölkerung wird die primäre Aufgabe in diesem Bereich in einer Verbesserung des Gesundheitszustandes von Mutter und Kind sowie in der Instruktion in moderner Säuglings- und Kinderpflege gesehen. Im Entwicklungsplan 1987-1992 wird daher auch betont:

Family planning shall be more strongly advanced as a vital component of comprehensive maternal and child health care. (Development Plan 1987-1992, S.231)

Langfristig erwartet man sich dadurch vor allem auch aufgrund der höheren Überlebenschancen für Neugeborene und Kleinkinder einen Fertilitätsrückgang. Bezüglich der Säuglingsernährung ist es durch falsch verstandene Modernisierungsbestrebungen allerdings in den letzten Jahren zu Fehlentwicklungen gekommen.

Durch die Verkürzung der Stillperiode, die manchmal auch fast völligen Ersatz der Muttermilch durch Flaschennahrung bedeutet, hat sich auch die auf die Schwangerschaft folgende unfruchtbare Zeit merklich verkürzt (vgl. Abb. 14, Abb. 15). Nach Ergebnissen des RPFS 78 stillten 20 Prozent aller Frauen gar nicht; von den anderen stillten immerhin 59 Prozent bis etwa 12 Monate nach der Geburt, rund 10 Prozent führten die Brustfütterung sogar noch nach zwei Jahren weiter fort. Scheinen diese Werte für westliche Begriffe hoch, so sind sie für traditionelle Gesellschaften in Entwicklungsländern - wie sie die Philippinen nach wie vor darstellen - jedoch eher gering.

Die unfruchtbare Periode nach der Schwangerschaft geht nun bei der Mehrzahl der Frauen gerade zu dem Zeitpunkt zu Ende, zu dem gewöhnlich abgestillt wird. Aus diesem beobachteten Zusammenfall des durchschnittlichen Endes der Stillperiode und des durchschnittlichen Wiedereinsetzens der Fruchtbarkeit läßt sich die Bedeutung der Brustfütterung für die Fertilität ablesen. Die Auswirkungen einer Verkürzung der Stillperiode machen sich vor allem in Form von kürzeren Geburtenintervallen bemerkbar, was die Fertilität ansteigen läßt und die Säuglingssterblichkeit erhöht.

Die Tendenz zur Flaschenernährung der Säuglinge beansprucht sowohl auf staatlicher als auch auf familiärer Ebene finanzielle Mittel, die dringender für die übrige Nahrungsmittelproduktion gebraucht würden. Auch ist ihre fertilitätssteigernde Wirkung ziemlich beachtlich. Wie sich nach Daten des RPFS erwies, ist die Verkürzung der Stillperiode und damit frühere Empfängnisbereitschaft der Frau der Hauptauslösungsfaktor kürzerer Geburtenintervalle. Der Rückgang der Brustfütterung ist im urbanen Raum besonders ausgeprägt und steigt mit dem

Abbildung 14:
Prozentualer Anteil der noch gestillten Säuglinge nach Monaten seit der Geburt, für Säuglinge vor der letzten Schwangerschaft (1977) sowie für alle innerhalb der letzten drei Jahre vor dem RPFS 1978 geborenen Säuglinge

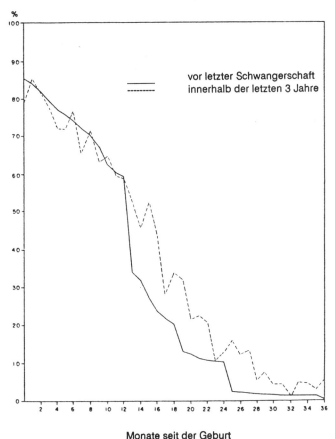

Monate seit der Geburt

Quelle: RPFS 1978, S.158.

sozialen Status. Während Frauen ohne oder nur mit elementarer Schulbildung im Jahr 1983 im Durchschnitt 12,5 Monate stillten, setzten jene mit Collegeabschluß oder noch höherer Schulbildung die Brustfütterung bereits nach etwa 6,3 Monaten ab (vgl. Tab. 33).

Abbildung 15:
Dauer der unfruchtbaren Periode in Monaten nach der Geburt für das Intervall zwischen den zwei letzten Schwangerschaften (1977) und für alle Schwangerschaften innerhalb der letzten drei Jahre vor dem RPFS 78

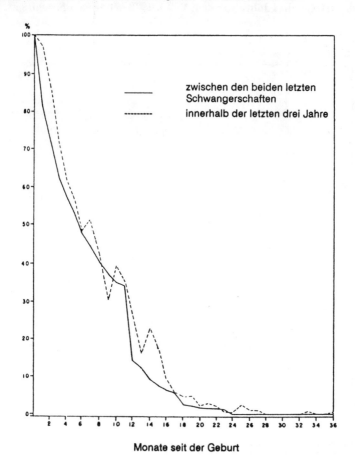

Quelle: RPFS 1978, S.163.

Nach einer Auswertung von Daten des RPFS 78 entspricht der Effekt der Brustfütterung auf die Länge des Intervalls zwischen der ersten und der zweiten Geburt dem der Empfängnisverhütung (Cabigon 1984, S.107). Die Erhaltung bzw. Wiederentdeckung dieser traditionellen Weise der Säuglingsernährung stellt daher einen wichtigen Beitrag zur (teils auch unbewußten) Familienplanung dar. Noch dazu birgt diese Methode kein Gesundheitsrisiko für die Frau, was für moderne Mittel nicht zutrifft. In den letzten Jahren hat man die Vorteile der Brustfütterung zwar erkannt und mit Informationskampagnen zu ihrer Förderung begonnen, dennoch macht sich weiterhin ein Abwärtstrend bemerkbar.

Tabelle 33:
Trends in der Brustfütterung und Dauer der Stillzeit nach ausgewählten Merkmalen 1978 und 1983

	% jemals gestillt[a]		durchschn. Dauer (Mon.)[a]	
	1978	1983	1978[b]	1983[c]
alle Lebd.geb.	84,6	83,1	12,6	11,3
gegw. Alter/Mutter				
15-24	87,8	85,3	11,4	10,4
25-34	85,4	83,3	12,6	10,9
35-49	80,1	81,3	13,5	12,7
Wohnsitz				
urban	72,2	73,8	9,0	9,7
rural	89,1	87,8	14,4	12,0
Region				
Metro Manila	65,0	67,9	6,6	7,8
restl. Luzon	85,4	84,1	13,3	11,4
Visayas	89,1	87,9	15,0	12,9
Mindanao	86,6	83,9	12,2	10,8
Schulbildg./Mutter				
keine	93,3	90,8	17,0	12,5
Elementarschule	92,3	89,4	15,9	12,4
intermediäre Sch.	87,4	87,7	13,6	12,0
Hochschule	64,2	67,5	10,0	10,6
College, 1 +	64,2	67,5	7,3	7,9

[a] Ausgenommen Fälle ohne Auskunft über die Stillpraxis, die ausgewählten Merkmale oder über beide.
[b] Mittel der Stilldauer, basierend auf den zu diesem Zeitpunkt noch stillenden Frauen.
[c] Arithmet. Mittel, basierend auf der angegebenen Stillzeit für bereits abgestillte, verstorbene und gegenwärtig gestillte Kinder zur Zeit des NDS 1983.
Quelle: Weltbank 1988, S.86.

Auch bei der Durchführung der Familienplanungskonzepte kommt es oft zu negativen Auswirkungen der Modernisierungstendenzen. Mehr als bedenklich ist die Tatsache, daß gefährliche Nebenwirkungen empfängnisverhütender Präparate im allgemeinen Bestreben zur Geburtenreduzierung untergehen. In Industrieländern nicht zugelassene Verhütungsmittel gelangen so hier auf den Markt; dazu gehört zum Beispiel die Dreimonatsspritze "Depo-Provera", die in den USA schon seit 1974 aus dem Verkehr gezogen ist. Aufgrund ihrer dreimonatigen Wirkung bei einmaliger Verabreichung wurde sie von der Herstellerfirma als "wirkungsvolles Verhütungsmittel für Arme und Frauen, die nicht lesen können" (Werning 1986, S.120) angepriesen. Als Langzeitwirkung ergibt sich bei diesem Präparat jedoch eine verstärkte Neigung zu Brust- und Muttermundkrebs, unmittelbare Nebenwirkungen sind unter anderem die Schwächung des Immunsystems, möglicherweise auch Zuckerkrankheit und Menstruationsunregelmäßigkeiten. Ein anderes Produkt, das in den USA schon nach kurzer Zeit vom Markt genommen wurde, in den Philippinen jedoch lange Zeit eingesetzt wurde, ist die Intrauuterinspirale Dalkon Shield IUD. Mehrere Todesfälle durch Blutvergiftung und Uterusinfektionen wurden auf diese Spirale zurückgeführt. Bei auftretenden Komplikationen muß die Benutzerin einer derartigen Verhütungsmethode die Kosten der medizinischen Behandlung überdies selbst tragen, was für viele Frauen unmöglich ist (vgl. Warwick 1982, S.168).

Betrachtet man das Gesundheitssystem als "sozialen Mikrokosmos ... mit all seinen gesamtgesellschaftlich relevanten wirtschaftlichen, politischen und kulturellen Dimensionen" (Werning 1986, S.166), so sind die aufgezeigten Mängel dieses Sektors Anzeichen der nationalen Krise. Ihre Überwindung kann nur durch eine strukturelle Neuorientierung gelingen, die alle gesellschaftlichen Bereiche umfaßt. Die Probleme des Gesundheitswesens sind, wie sich gezeigt hat, vielfältig und nicht allein technischer Natur. Effiziente Gesundheitspolitik hängt zu einem erheblichen Ausmaß von der allgemeinen Wirtschafts- und Sozialpolitik eines Landes ab. So beginnen die Schwierigkeiten auf den Philippinen bereits bei der Ausbildung des Gesundheitspersonals: Hohe Schulgebühren der jeweiligen Institutionen vermindern einerseits die Zugangschancen und führen andererseits zu einer Verkürzung der Ausbildungszeit, unter der die Qualität selbstverständlich leidet. Eine Verbesserung des Status quo kann man sich daher nur von Konzepten integrierter Entwicklung erwarten.

Im Entwicklungsplan 1987-1992 wird diesem Umstand bereits Rechnung getragen. Hier heißt es wie folgt:

> Unless health, nutrition and family planning concerns are expressly addressed by socio-economic policies and programs, the sector will continue to engage in a seemingly endless struggle as its objectives are contravened by other socio-economic initiatives. (Development Plan 1987-1992, S.227)

Unter Miteinbeziehung sozio-ökonomischer Komponenten hofft man, bis 1992 eine entscheidende Verbesserung der wesentlichen Gesundheitsindikatoren zu erzielen. Die angestrebte Reduzierung der Geburten- und Sterberaten, insbesondere der Säuglings- und Kindersterblichkeit, wird nur mit großem Engagement zu erreichen sein (Abb. 16). Bleibt nur zu hoffen, daß sie trotzdem gelingt.

Abbildung 16:
Entwicklung ausgewählter Gesundheitsindikatoren zwischen 1987 und 1992

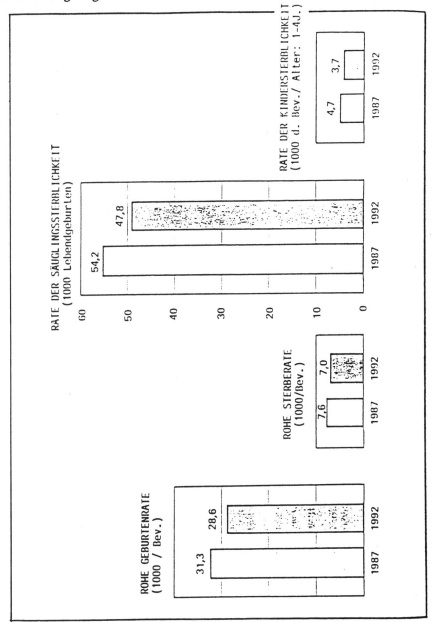

Quelle: Development Plan 1987-1992, S.228.

5.5 Erfolge und Probleme der Bildungspolitik

Als wichtigste indirekte Determinante des generativen Verhaltens hat das Bildungsniveau der Bevölkerung eine ausschlaggebende Funktion im demo-ökonomischen Wirkungsgefüge. Abgesehen davon trägt ein hoher Bildungsgrad auch dazu bei, die Bürger zur selbständigen Partizipation am politischen Geschehen zu befähigen und sie in die Lage zur aktiven Verbesserung ihrer sozio-ökonomischen Situation zu versetzen. Insofern stellt steigende Bildung also einen Faktor sozialer Mobilität dar.

Gemessen an der Analphabetenrate von rund 20 Prozent im Jahr 1980, präsentieren sich die Philippinen als ein Entwicklungsland mit relativ hoher Elementarbildung der Bevölkerung. Abgeschwächt wird dieses Bild jedoch durch das enorme urban-rurale Gefälle dieser Rate. So beherrschen im städtischen Raum 92,5 Prozent der Bevölkerung das Lesen und Schreiben, im ländlichen Gebiet jedoch nur 76,53 Prozent. Die Ursache für eine derartige Diskrepanz liegt in der Konzentration der Bildungsinstitutionen in den Städten. Auch regional zeigen sich beachtliche Unterschiede: Bezeichnenderweise registrierten die Regionen Western und Central Mindanao - also jene, die zwischen 1970 und 1980 nur geringen bis praktisch keinen Fertilitätsrückgang aufwiesen - die höchsten Analphabetenraten des Landes. Unter der Bevölkerung im Alter von 45 bis 69 Jahren verfügen sogar nur etwa 50 Prozent über Schreib- und Lesekenntnisse. Ebenfalls hohe Analphabetenraten finden sich in Central und Western Visayas, aber auch in Southern Tagalog. Obwohl landesweit Frauen nur eine geringfügig niedrigere Alphabetisierungsrate als Männer zeigen, sind die Verhältnisse in diesen Regionen zuungunsten der weiblichen Bevölkerung verschoben.

Ein erhebliches Problem für die Bildungskampagnen stellt der multi-linguale Charakter der philippinischen Gesellschaft dar. Neben Filipino, das in Metro Manila, Central Luzon und Southern Tagalog gesprochen wird, gilt Englisch als offizielle Landessprache. Außerdem gibt es jedoch noch fünf weitere "Hauptsprachen"; eine Reihe lokaler Sprachen und Dialekte ist in dieser Klassifikation nicht berücksichtigt. Analphabetentum resultiert demnach häufig aus der Zugehörigkeit zu einer ethnischen Minderheit, wie das bei etlichen Bevölkerungsgruppen Mindanaos der Fall ist. Einige isoliert lebende Stämme verfügen bis heute über keine Art der Schrift. Außerdem kann selbst bei Beherrschung einer der weitverbreiteten Sprachen regionale Abgeschiedenheit zum Analphabetismus beitragen. So findet man bei den Bewohnern des Hochlands von Central Luzon und verstreuter Inselchen wie Sulu und Tawi-Tawi mangelnde Lese- und Schreibkenntnisse.

Abbildung 17:
Geschlechtsspezifische Alphabetisierungsrate nach urban-ruraler Differenzierung 1980 (Bevölkerung im Alter von 10 Jahren und darüber)

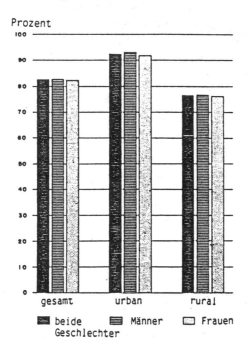

Quellen: NCSO Philippines, *Census of Housing and Population 1980*.

Besonderes Augenmerk muß neben der Ausdehnung elementarer Bildung auf möglichst weite Bevölkerungskreise auch auf die Erhaltung der neuerworbenen Fähigkeiten gelegt werden - bedauerlicherweise verlernen viele Neugeschulte das Lesen und Schreiben innerhalb kürzester Zeit, da sie im Alltag kaum darauf angewiesen sind. Dies ist besonders häufig bei sprachlichen Minderheiten zu beobachten, die einfach zu wenig neues Lesematerial in ihrer Sprache finden. Durch die Kombination von Weiterbildungskursen (z.B. zur beruflichen Fortbildung, Nähkurse, Gesundheitserziehung etc.) mit Lese- und Schreibschulung lassen sich hier jedoch gute Erfolge erzielen.

Gravierende Unzulänglichkeiten des Bildungssektors ergeben sich mit steigender Ausbildungsstufe. So verschleiern die günstigen Einschulungsergebnisse etwa die hohen Drop-Out-Raten. Für das Schuljahr 1981/1982 betrug die Aufstiegsrate

Tabelle 34:
Anteil der Alphabeten an der Gesamtbevölkerung absolut und relativ, 1960-1980

Alphabetenanteil, absolut und relativ			
Jahr	Gesamtbevölkerung 15 Jahre +	Alphabeten (absolut)	Alphabeten (Prozent)
1960	18.145.872*	13.073.748	72
1970	16.047.078	11.820.863	75
1980	24.028.291	20.950.508	87

Analphabetenrate nach Altersgruppen		
Altersgruppen	1970 (Prozent)	1980 (Prozent)
15-24	27,41	8,31
25-44	19,88	13,31
45-64	30,16	38,10
65 +	39,03	49,31

* Daten für 1960 für die Bevölkerung im Alter von 10 Jahren und darüber, für die anderen Jahre für die Bevölkerung im Alter von 15 Jahren und darüber.
Quellen: UNESCO, Regional Office for Education in Asia and the Pacific 1984, S.10; NCSO Philippines: *Census of Population and Housing 1980.*

der Elementarschüler bis zur sechsten Klasse nur etwa 66 Prozent; ein Großteil der Erstkläßler (ca. 80 Prozent) gelangte gar nur bis zur dritten Elementarschulklasse. Auch unter der jungen Bevölkerung machen sich daher mangelhafte Lese- und Schreibkenntnisse bemerkbar. Auffallend ist in diesem Zusammenhang, daß jugendlicher Analphabetismus vorwiegend in Regionen mit einer geringen Anzahl von Elementarschulen anzutreffen ist, beide Umstände gehen Hand in Hand mit hohen Drop-Out-Raten.

Der allgemeine Trend zur Verbesserung der Ausbildung hat überdies einen Zustrom auf die Bildungsinstitutionen verursacht, der zu dramatischen Engpässen führt. Nicht nur, daß die "ideale" Klassenschülerzahl von 40 in der Praxis bis auf 60 Schüler ausgedehnt wird, es herrscht auch akuter Schulbuchmangel. Im Durchschnitt steht für 10 Schüler nur ein Schulbuch zur Verfügung, 79 Prozent der Schulbücher sind zudem bereits fünf bis zehn Jahre alt und sollten inhaltlich überarbeitet werden. Die mindere Qualität der staatlichen Ausbildung hat zur Etablierung eines Privatschulwesens geführt, das vor allem im Bereich der höheren Bildung die Rolle der staatlichen Schule fast gänzlich übernommen hat.

Hohe Schulgelder sorgen hier für eine soziale Auslese. Die Weltbank spricht in diesem Zusammenhang von einem "education gap between the educational resources at the disposal of the poor and the rest of the population" (Weltbank 1988, S.68).

Tabelle 35:
Einschreibungen in die Elementarschule und Drop-Out-Raten 1960-1982

Einschreibungen in die öffentliche Elementarschule

1960 - 1961	4.001.331
1965 - 1966	5.551.310
1970 - 1971	6.622.463
1975 - 1976	7.597.279
1980 - 1981	7.931.164

Aufstiegs- und Drop-Out-Raten

Jahr	% Aufstieg zur 4.Schulstufe	% Aufstieg zur 6.Schulstufe	Drop-Out in der 4.Schulstufe	Drop-Out in der 6.Schulstufe
1966	70,88	55,69	29,12	44,31
1971	73,39	58,67	26,61	41,33
1976	78,42	60,63	21,58	39,37
1981	76,38	65,10	23,62	34,90
1982	75,94	66,83	24,06	33,17

Quelle: UNESCO; Regional Office for Education in Asia and the Pacific 1984, S.10.

So besuchen zwar noch fast 100 Prozent aller 7- bis 10jährigen relativ unabhängig von ihrer Zugehörigkeit zu einer sozialen Schicht eine Elementarschule, bei den Sekundarschülern sieht die Situation jedoch trister aus. Nur 86 Prozent der ländlichen Armen im Alter von 11 bis 12 Jahren besuchen eine Schule. Im Alter von 13 bis 14 Jahren ist der Schulbesuch nur mehr für die drei obersten Zehntel der Bevölkerung selbstverständlich; nur 75 Prozent der städtischen Armen und ganze 65 Prozent der auf dem Land lebenden Armen besuchen in diesem Alter noch eine Schule. Unter den Jugendlichen im Alter von 15 bis 16 Jahren beträgt die Schulbesuchsrate auch für die oberen drei Zehntel der Bevölkerung nur mehr 86 Prozent im urbanen und 70 Prozent im ruralen Bereich, für die unteren drei Zehntel hingegen 66 bzw. 42 Prozent (vgl. Weltbank 1988, S.71).

Tabelle 36:
Anteil der Schulen, Aufstiegsrate und Alphabetenrate der Bevölkerung im Alter von 15 bis 24 Jahren 1980 nach Regionen

Region		Anzahl d. Elementarschulen+	Aufstiegsrate der Kohorte	Analphabetenrate (Prozent)*
I	Ilocos	2.933	78,32	3,73
II	Cagayan Valley	2.215	63,55	10,49
III	Central Luzon	2.473	80,23	4,44
IV	Southern Tagalog	3.823	78,04	6,76
V	Bicol	2.800	65,51	5,64
VI	Western Visayas	3.163	62,27	9,17
VII	Central Visayas	2.564	55,32	13,22
VIII	Eastern Visayas	3.029	53,27	10,63
IX	Western Mindanao	1.973	49,71	26,91
X	Northern Mindanao	2.269	62,79	8,65
XI	Southern Mindanao	2.055	62,73	14,15
XII	Central Mindanao	1.714	48,19	28,21
XIII	NCR - Metro Manila	754	88,33	-

+ privat und öffentlich.
* der Bevölkerung im Alter von 15-24 Jahren.
Quelle: UNESCO; Regional Office for Education in Asia and the Pacific 1984, S.22.

Der Zusammenhang zwischen sozio-ökonomischem Lebensstandard und Schulbesuchsfrequenz tritt hier deutlich zutage. Ausgelöst wird dieses Gefälle bei der Inanspruchnahme der Bildungseinrichtungen jedoch nicht allein dadurch, daß die Kinder der armen Bevölkerungsschicht bereits in jungen Jahren einer Erwerbstätigkeit nachgehen müssen, um zum Lebensunterhalt der Familie beizutragen, sondern auch durch die hohe finanzielle Belastung, die die Ausbildung der Kinder nach wie vor für eine Familie verursacht. Während der Elementarschulbesuch in staatlichen Institutionen seit Jahren gratis ist, wurden bis vor kurzem in der Sekundarschule Schulgebühren erhoben, die sich kaum an der Einkommenslage der Schüler orientierten. Kinder der unteren Sozialschicht mußten in etwa gleich hohe Schulgebühren entrichten wie jene der Oberschicht (vgl. Tab. 37).

Dies soll sich nach den Plänen der Regierung Aquino in nächster Zukunft ändern. "Equitable access to education will be provided", versichert der Entwicklungsplan 1987-1992 (S.198). Die Bildungschancen für Kinder unterer Einkommensschichten sollen sich erhöhen. Dies soll einerseits durch eine Anhebung des Realeinkommens dieser Bevölkerungskreise, andererseits durch die Bereitstellung von staatlichen Unterstützungen (z.B. Stipendien), durch die Garantie des Rechts auf kostenlosen Sekundarschulbesuch und durch eine soziale Staffelung der Schulgebühren im Bereich der weiterführenden Bildung (tertiärer Bereich) erreicht werden. Bis zum Jahr 1992 will man auf diese Weise auch die Drop-Out-Raten senken: 70 von 100 Erstkläßlern sollen zu diesem Zeitpunkt innerhalb von 6 Jahren bis zur 6.Klasse aufsteigen. Besonders gefördert werden sollen dabei Regionen mit Aufstiegsraten unter 60 Prozent, wie etwa Bicol, alle Regionen von Visayas und die Regionen von Mindanao mit Ausnahme Northern Mindanaos. Hier strebt man eine Zunahme der Aufstiegsraten um mindestens 2 Prozent pro Jahr an (vgl. Development Plan 1987-1992, S.199).

Tabelle 37:
Durchschnittliche Schulgebühr in Sekundarschulen (in Pesos) nach Einkommenszehntel, Schüler im Alter von 13-15 Jahren

Einkommenszehntel	durchschnittliche Schulgebühr (pro Jahr; in Pesos)	
	Urban	Rural
1	189,80	161,20
2	210,50	138,10
3	141,53	198,00
4	191,09	235,90
5	252,83	151,40
6	151,91	181,50
7	192,69	210,81
8	204,00	210,22
9	243,65	186,42
10	317,00	271,25

Quelle: Weltbank 1988, S.75.

Auch der qualitativen Mängel im Ausbildungssystem ist man sich bewußt. Daher sollen Investitionen im Bildungssektor nicht mehr für eine quantitative Aufstokkung der Bildungsinstitutionen, sondern vielmehr für eine qualitative Verbesserung der Basisschulbildung, d.h. der Elementar-, aber auch der Sekundarschulen, aufgewendet werden. Hierbei werden wiederum regionale und schichtspezifische Schwerpunkte gesetzt. Die Weltbankuntersuchung hat nämlich gezeigt, daß die qualitativen Unterschiede im staatlichen Schulsystem zur weiteren Marginalisierung ohnehin schon benachteiligter Bevölkerungsgruppen beitragen. Hier wird bemerkt:

> Within the public system, local schools catering to the poor have lower expenditures per student, lower quality and higher tuition than national und city schools. (Weltbank 1988, S.69)

Tabelle 38:
Charakteristische Merkmale des Schulsystems 1985-86

Stufe und Typ	Verteilung der Schüler innerh. der jew. Stufe	durchschn. Schulgebühr (Pesos) pro Jahr	durchschn. Kosten pro Schüler (P) pro Jahr	Qualität[a]
Elementar (6 Std.)				
privat	6,0	411	-	52,5
staatlich	94,0	-	528	38,6
Sekundar (4 Std.)				
privat-gesamt	42,5	554	454	45,1
NCR	-	1.060	-	51,6
national	17,3	37	1.223	61,1
City	8,9	200	901	81,3
Gemeinde	5,5	282	232	39,3
Provinz	4,3	182	309	36,3
Dorf	19,4	273	232	37,5
SUC-bezogen	2,1	149	4.700	64,8
Tertiärbildung				
privat	77,7	-	3.900	-
staatlich	12,3	-	6.000	-

a gemessen an der Zahl der Schüler, die den NCEE-Test bestanden.
Quelle: Weltbank 1988, S.69.

Einkommensschwache Bevölkerungsgruppen erhalten vielfach schon in der Elementarschule eine schlechtere Ausbildung und sind daher vom höheren Bildungsweg ausgeschlossen. Vor allem in den Städten herrscht zum Beispiel eine enorme Schwankungsbreite in der Schüler/Lehrbuch-Rate je nach Einkommensniveau. Bei einem Schulbuchprojekt der Weltbank im Schuljahr 1977/78 konnte durch Verteilung neuer Schulbücher ein wesentlich besserer Schulerfolg bei Kindern einkommensschwacher Familien erzielt werden. Die Situation hat sich bis heute nicht nennenswert verbessert. Allgemein kann man beobachten, daß Kinder armer Familien bei Leistungstests schlechter abschneiden als Kinder der Oberschicht.

Die vorangegangenen Ausführungen belegen, daß der Bildungssektor ähnlich wie das Gesundheitswesen mit grundlegenden Strukturmängeln zu kämpfen hat, die die Partizipation aller Teile der Bevölkerung nicht nur erschweren, sondern teilweise sogar unmöglich machen. Die Hauptansatzpunkte zur Bekämpfung dieser strukturellen Schwächen wurden im Entwicklungsplan 1987-1992 bereits herausgearbeitet:

Bildungspolitik

Areas which suffer from educational deprivation shall be given priority in the distribution of teachers, instructional materials, school facilities anad equipment. More attention shall be given to the special education needs of disadvantages communities and disabled individuals. (Development Plan 1987-1992, S.205)

Erkannt hat man auch, daß diese Konzepte nur Hand in Hand mit Strategien zur Anhebung des Lebensstandards der unteren Bevölkerungsschichten greifen können. In den letzten Jahren wurden auch eindeutige Fortschritte auf dem Bildungssektor gemacht. Einschulungs- und Aufstiegsraten stiegen zum Teil über das Planziel hinaus an, die Schulbuch/Schüler-Raten konnten erhöht werden, und im Jahr 1988 wurde der "Free Secondary Education Act" erlassen, der kostenlose Schulbildung in den staatlichen Sekundarschulen garantiert. Trotz dieser positiven Entwicklungen bleibt jedoch noch einiges zu tun, will man ein egalitäres, effizientes Bildungswesen aufbauen.

Die positiven Auswirkungen eines hohen Bildungsniveaus der Bevölkerung auf die allgemeine sozio-ökonomische Entwicklung der Gesellschaft stehen außer Zweifel. Besonders beeindruckende Konsequenzen ergeben sich aus dieser im Hinblick auf die angestrebte Fertilitätsreduktion. Wie bereits erwähnt, liegt ein großes Potential zur Änderung des generativen Verhaltens im steigenden Bildungsgrad der Frau. Dieser trägt erstens zum Sinken der Säuglings- und Kindersterblichkeit bei, führt zweitens meist zu einem Anstieg des Heiratsalters und eröffnet über die Ausbreitung weiblicher Berufstätigkeit neue Perspektiven für die Lebensgestaltung der Frau, die sie aus dem familiären Bereich herauslösen, was meistens auch zu einer Einschränkung der Kinderzahl einer Familie führt.

Abgesehen davon stellt die Erhöhung des Bildungsniveaus der Frau auch den ersten Schritt zu ihrer Integration in das wirtschaftliche und politische Geschehen im Sinne aktiver Mitbestimmung dar. In den letzten Jahren hat sich die Teilnahme der weiblichen Bevölkerung am Produktionsprozeß bedeutend erhöht. Inwiefern davon jedoch auch ihre allgemeine gesellschaftliche Stellung und ihr Lebensstandard profitieren und welche demographischen Folgen das "neue Rollenbild der Frau" möglicherweise hat, wird im folgenden Kapitel diskutiert.

5.6 Der gewandelte Status der Frau in seiner demographischen Relevanz

5.6.1 Die Stellung der Frau nach dem philippinischen Gesetz

Demo-ökonomische Analysen gehen häufig von der Hypothese aus, daß die fortschreitende Integration der Frau in den Arbeitsmarkt langfristig zur Fertilitätsreduktion führt. Die ökonomische Aktivität der Frau im außerfamiliären Bereich wird als Beitrag zur weiblichen Selbstverwirklichung verstanden. Im Endeffekt soll sie nicht nur zur Umgestaltung der traditionellen geschlechtsspezifischen Rollenverteilung führen, sondern die Frau auch zur aktiven Teilnahme am politischen und wirtschaftlichen Leben befähigen und ihr die Möglichkeit zur selbständigen Entscheidung über ihre individuelle Lebensgestaltung geben. Indirekt wird dadurch natürlich auch das generative Verhalten beeinflußt, da Kindererziehung und Haushaltsführung nicht mehr als einziger Aufgabenbereich der Frau angesehen werden.

Fraglich ist allerdings, ob derartige auf westliche Verhältnisse zugeschnittene Hypothesen ohne weiteres auf den asiatischen Raum übertragbar sind, wo sowohl in ökonomischer als auch in kultureller Hinsicht völlig andere Lebensbedingungen herrschen. Schon allein die philippinische Gesetzgebung spiegelt zum Beispiel die traditionelle Bindung der Frau an Heim und Familie wider, die das Geschlechterverhältnis bis heute bestimmt und der Frau nur sehr beschränkte Entscheidungsgewalt einräumt.

Wenn auch der jüngste Entwicklungsplan (1987-1992) Konzepte zur Gleichberechtigung der Frau im öffentlichen Leben enthält und die legale Grundlage für gleiche Ausbildungs- und Berufschancen bereits gelegt ist, so wirkt die traditionelle Bevorzugung des Mannes im öffentlichen und privaten Leben bis heute nach. Verständlicherweise lassen sich das gesellschaftliche Weltbild und die Lebensanschauung der Bevölkerung nicht mittels Gesetz korrigieren. Derartige Umwälzungen benötigen Generationen, um sich zu entfalten und zu etablieren. Vor allem im Zusammenhang mit der Eheschließung und sonstigen familiären Angelegenheiten bestand nach dem philippinischen Gesetz bis in die jüngste Vergangenheit eine gravierende Benachteiligung der Frau, die in vielen Bereichen schon einer Entmündigung gleichkam. Die traditionelle Ausschließung der Frau von jeglicher selbständiger wirtschaftlicher und politischer Aktivität wurde dabei von der Gesetzgebung indirekt gefördert. Jahrhundertealte Rollenbilder wurden folgendermaßen zementiert:

> ... the husband is responsible for the support of the wife and the rest of the family ... the wife manages the affairs of the household ... (Civil Code Art. 111, 115, Zitat: Heyzer 1985, S.374)

Schon beim Verlassen des Elternhauses begann nach dem Civil Code die Einschränkung des weiblichen Aktionsradius. Frauen unter 23 Jahren durften nur, wenn sie heirateten, ohne Einwilligung des Vaters oder der Mutter ausziehen, während es für Männer keine entsprechenden Bestimmungen gab. Innerhalb der Ehe war es dann wiederum der Mann, der nach dem Gesetz die vorrangige Entscheidungsbefugnis besaß. Er bestimmte den Wohnsitz der Familie, und seine Frau hatte ihm dorthin zu folgen; auch konnte er gegen die Berufstätigkeit seiner Frau Einspruch erheben, wenn sein Einkommen den Familienunterhalt sicherte und er sonstige "ernsthafte und berechtigte" Einwände (was immer das auch sein mochte) hatte.

Extrem limitiert waren auch die Möglichkeiten einer verheirateten Frau zum selbständigen Eigentums- und Vermögenserwerb oder -verkauf. Die Verwaltung des ehelichen Vermögens oblag dem Mann; ohne seine Einwilligung durfte die Frau keine Güter erwerben, außer von ihren unmittelbaren Verwandten oder von ihren Schwiegereltern. Weiters war der Ankauf von Juwelen und anderen Wertsachen durch die Ehefrau an die Zustimmung des Ehemannes gebunden, außer wenn die Frau die finanziellen Mittel dafür aus ihrer Erbschaft oder Mitgift bezog. Geldanleihen waren ihr nur unter dem Aspekt der Familienerhaltung gestattet, z.B. wenn der Ehemann nicht ausreichend für den Lebensunterhalt der Familie sorgen konnte. Finanzielle Angelegenheiten waren demnach die Domäne des Mannes, wobei der Frau höchstens ergänzende Funktion zukam.

Selbst bei Todesfall eines Ehepartners ergab sich eine rechtliche Benachteiligung der Frau. Witwen wurde bis etwa ein Jahr (300 Tage) nach dem Tod ihres Mannes keine Heiratserlaubnis erteilt. Witwer hingegen waren keiner zeitlichen Regelung ihrer Wiederverheiratung unterworfen - wohl deshalb, weil man ihnen nicht zumuten wollte, sich neben ihrem Beruf noch um die Erziehung der Kinder zu kümmern. Auch diese Bestimmung spiegelt die gängige Betrachtung des Mannes als alleinigen Familienerhalter wider (vgl. Heyzer 1985, S.374 ff).

Einiges hat sich inzwischen zumindest rechtlich zugunsten der Frau geändert. Im Entwicklungsplan 1987-1992 wird ein neues Rollenbild der Frau als ausdrückliches gesellschaftliches Entwicklungsziel formuliert:

> The traditional concept of "women's place is in the home" shall be gradually replaced with the perception that "women and men are equal partners in development". (Development Plan 1987-1992, S.264)

Demgemäß sind im aktuellen "Family Code of the Philippines" die Benachteiligungen der Frau bezüglich der Erlaubnis zum Verlassen des Elternhauses und zur Eheschließung beseitigt worden. Erhalten blieb einzig das unterschiedliche Mindestheiratsalter für Frauen und Männer. Weiters wird im aktuellen Entwicklungsplan betont, daß die Partizipationschancen der Frau im öffentlichen und politischen Leben - insbesondere ihre Betätigung in Bereichen, die vorher als männliche Domäne galten - erhöht werden sollen. Eine Verbesserung der sozioökonomischen Lebensumstände der Frau wird als Grundlage dafür erachtet (vgl. Development Plan 1987-1992, S.232).

Angesichts der eingangs diskutierten traditionsgemäß rechtlich benachteiligten Stellung der Frau gegenüber dem Ehemann kann man sich ein Bild von der gesellschaftlich schwachen Position der Frau machen. Wenn auch heute vor allem im Erwerbssektor, aber auch auf anderen Gebieten eindeutige Regelungen gegen die Diskriminierung der Frau bestehen (wie z.b. der rechtliche Anspruch der Frau auf gleiche Beschäftigungsbedingungen und Entlohnung wie ihre männlichen Kollegen), so zeigt sich auch hier in der Praxis noch immer eine extreme Benachteiligung der Frau.

5.6.2 Die Situation der Frau auf dem Arbeitsmarkt

Trotz wachsender Beschäftigungszahlen von Frauen in den letzten Jahrzehnten konnte das Arbeitsplatzangebot nicht mit dem steigenden Bildungsniveau der weiblichen Berufstätigen Schritt halten. Die philippinische Frau präsentiert sich daher auf dem Arbeitsmarkt als "overeducated and underutilized" (Hackenberg und Magalit 1985, S.153). Während die offizielle weibliche Arbeitslosenrate für 1980 6,3 Prozent betrug, würde dieser Wert unter Berücksichtigung der großen Zahl von Frauen, die im Jahr 1980 unter ihrer Qualifikation und bei zu niedrigem Lohn angestellt waren oder als unbezahlte Familienangestellte arbeiteten, bis auf 41 Prozent ansteigen. Diese versteckte Arbeitslosigkeit wird in nächster Zukunft noch zunehmen, da immer mehr Frauen eine bessere Ausbildung erhalten und diese auch beruflich umsetzen wollen oder müssen.

Der Anteil der weiblichen Beschäftigten an den Gesamtbeschäftigten betrug im Jahr 1985 47,3 Prozent. Als bevorzugter Beschäftigungssektor der Frau hat sich seit etwa 1980 der Dienstleistungsbereich herauskristallisiert, während noch 1970 die Landwirtschaft an erster Stelle stand. 32 Prozent der im Tertiärsektor beschäftigten Frauen sind Hausangestellte (Köchinnen, Dienstmädchen), deren Arbeitszeit und Entlohnung oft nicht den gesetzlichen Regelungen entsprechen. Liegen weibliche Löhne allgemein niedriger als die männlicher Beschäftigter, so steigt diese Diskrepanz in dem von weiblicher Dominanz geprägten Dienstleistungssektor bezeichnenderweise besonders an (Tab. 41). Nur 15 Prozent aller weiblichen Beschäftigten in der Privatwirtschaft sind in Spitzenpositionen zu finden (vgl. Tonguthai 1987, S.209).

Tabelle 39:
Weibliche Arbeitslosigkeit 1980 nach verschiedenen Klassifikationen

Weibliche Erwerbstätige	Anzahl	Prozent
Weibliche Berufstätige	6.560	100,0
minus: Arbeitslose (registriert)	413	6,3
mit Berufserfahrung	236	3,6
ohne Berufserfahrung	177	2,7
Beschäftigte	1.047	93,7
minus: Unterbeschäftigte	590	9,0
offensichtlich (arbeiten unter 40 Std./Woche)	379	5,8
versteckt (arbeiten 40 Std./Woche)	211	3,2
Vollbeschäftigte	5.557	84,7
minus: Versteckte Arbeitslose	1.732	26,4
unbezahlte Familienangestellte	1.935	
minus: unterbeschäft. unbezahlte Familienangest.	203	
Vollbeschäftigte und Bezahlte	3.825	58,0
Mit Arbeitsproblemen		
(Arbeitslosigkeit, Unterbeschäftigung, Unterbezahlung)	2.753	41,0

Quelle: Cca-Urm 1983, S.81.

Als Grund für die Berufstätigkeit geben Frauen vor allem ökonomische Notwendigkeit an. Die Beschränkung des Arbeitsplatzangebots im ruralen Bereich hat zu einer verstärkten Migration junger Frauen mit niedrigem Bildungsniveau aus ländlichen Gebieten in die städtischen Zentren geführt. Sie werden meist von der Niedriglohnindustrie, wie sie in den Exportförderungszonen entsteht, aufgefangen. So sind zum Beispiel in der Bataan Export Processing Zone, wo sich einige multinationale Konzerne niedergelassen haben, vorwiegend junge unverheiratete Frauen beschäftigt. Lange Arbeitszeiten - so werden mitunter Spezialschichten bis zu 36 Stunden eingelegt - geringer Lohn und der Druck, bestimmte Produktionsziele zu erreichen, bestimmen hier das Bild. Auch ist das Lohnniveau, sowohl im Vergleich mit entsprechenden Industrien im übrigen Land als auch mit den Löhnen in Exportförderungszonen anderer asiatischer Länder besonders niedrig. Erst in jüngster Zeit hat sich hier die Arbeiterschaft gewerkschaftlich organisiert, um der Willkür der Unternehmer ein Ende zu setzen (vgl. Cca-Urm 1983, S.81ff; Tonguthai 1987, S.215-217; Aguilar 1987, S.521ff).

Ein Großteil der erwerbstätigen Frauen wird von der amtlichen Statistik jedoch gar nicht erfaßt, da sie im informellen Sektor tätig sind. Dieser ist durch besonders unsichere Arbeitsverhältnisse, speziell durch den Wegfall jeglicher rechtlicher Absicherungen und Ansprüche (z.B. Sozialversicherung) formaler Beschäftigungsverhältnisse gekennzeichnet.

Der Zustrom junger Frauen mit geringer Schulbildung in die Städte hat im Zusammenhang mit dem wachsenden Tourismus der Prostitution und ihrer verwandten Beschäftigungen zu einem enormen Aufschwung verholfen. Die relativ hohen Verdienstmöglichkeiten dieser Branche vermindern die moralischen Einstiegsbarrieren, sehen doch viele ungebildete Frauen in der Prostitution die einzige Chance zum raschen Aufstieg aus ihrer ökonomisch unterprivilegierten Position. Der Einstieg wird ihnen hier über Berufe wie Barmädchen, Masseuse, Abendbegleitung etc. erleichtert (vgl. Tonguthai 1987, S.217ff; Aguilar 1987, S.514ff).

Tabelle 40:
Weibliche Beschäftigungsrate nach Altersgruppen, urban - rural, 1971 bis 1985

		1971	1980	1985
	10 - 24	32,7	42,0	47,3
	25 - 44	25,6	35,3	36,9
	45 - 64	41,2	47,9	55,6
	65 +	41,0	47,4	55,5
		17,8	23,9	25,4
Urban	10 - 24	30,0	36,9	38,6
	25 - 44	46,9	52,3	59,1
	45 - 64	38,5	42,5	50,2
	65 +	10,4	18,4	19,7
Rural	10 - 24	23,2	34,4	35,6
	25 - 44	38,4	45,7	53,4
	45 - 64	42,3	49,7	58,9
	65 +	21,2	26,2	28,6

Quelle: Tonguthai 1987, S.195.

Tabelle 41:
Der prozentuale Anteil weiblicher Beschäftigter nach Wirtschaftssektoren 1960 bis 1980

	1960	1970	1980
Landwirtschaft	45,80	40,00	37,00
Industrie	21,15	19,00	16,00
Dienstleistungen	35,05	41,00	47,00

Quelle: Tonguthai 1987, S.199.

Tabelle 42:
Durchschnittliches vierteljährliches Einkommen von Arbeitern nach Geschlecht und Hauptberufsgruppen 1981

Berufsgruppe	Männer Frauen (Pesos im Quartal)		Männer/Frauen Rate	Anteil d. weibl.Beschäft.
Akademiker, Techniker u.ähnl. Berufe	4.109	2.700	0,66	61,2
Administration, Management	6.938	5.252	0,76	22,7
Büroangestellte u.ähnl. Berufe	2.706	2.395	0,88	45,3
kaufmännische Berufe	2.040	837	0,41	60,0
Landwirtschaft, Tierzucht u. Forstwirtschaft	438	404	0,92	26,1
Industriearbeiter u.sonst.Arbeit.	1.792	1.099	0,61	23,6
Beschäftigg. ohne Berufsbezeichn.	2.960	1.284	0,43	40,0

Quelle: Tonguthai 1987, S.209.

Im Entwicklungsplan 1987-1992 wird diese Problematik angesprochen. Neben nationalen Programmen zum Schutz unverheirateter Mütter, ausgesetzter Kinder, Prostituierter und ausgebeuteter Frauen will man auch regionale Schwerpunkte setzen. Als Problemregionen wurden in diesem Zusammenhang die Hauptstadtregion Metro Manila, Ilocos, Bicol, Western Visayas und Western Mindanao ausgewiesen. Gesondert wird auch auf die Konzentration von Prostitution und ungewollter Schwangerschaft, die durch die Präsenz der US-Militärbasis in der Region Ilocos hervorgerufen wurde, hingewiesen (vgl. Development Plan 1987-1992, S.257).

Ein weiteres Problemfeld bildet schließlich die "Gastarbeiterwanderung" philippinischer Frauen ins westliche Ausland. Unerfahrene junge Frauen, die sich von der Beschäftigung in einem Industrieland eine enorme Wohlstandssteigerung für sich und ihre Familie erhoffen, werden oft unter unmenschlichen Bedingungen als Hausmädchen oder Ehefrauen "vermittelt", um nicht zu sagen verkauft. Nicht selten finden sich diese Frauen dann ohne Aufenthalts-, geschweige denn Arbeitsgenehmigung in einem fremden Land mit einer ihnen gänzlich unverständlichen Lebensweise. Von ihren Ehepartnern und Arbeitgebern in jeder Hinsicht abhängig - nämlich ökonomisch, emotional, bezüglich ihrer Sozialkontakte etc.-, sind sie diesen nahezu hilflos ausgeliefert. Da ihnen das nötige Reisegeld meist fehlt, steht ihnen nicht einmal die "Flucht" zurück in die Heimat offen (vgl. Aguilar 1987, S.516).

Im aktuellen Entwicklungsplan wird am Rande auf die Situation der philippinischen Arbeitskräfte im Ausland eingegangen; genaue Konzepte zu ihrer Verbesserung gibt es leider noch nicht. Die diesbezügliche Strategie ist eher allgemein formuliert:

Greater protection will be accorded to overseas contract workers against violations of contracts to ensure that they are employed under reasonable terms and conditions. (Development Plan 1987-1992, S.41)

Immerhin darf man jedoch von der Kenntnis eines Problems auf die ersten Schritte zu dessen Lösung hoffen.

Zusammenfassend muß bemerkt werden, daß im Hinblick auf die miserablen Bedingungen, denen die Frau auf dem Arbeitsmarkt ausgesetzt ist, weibliche Berufstätigkeit wohl nur sehr beschränkt als Indikator für einen gehobenen sozialen Status betrachtet werden kann. Demzufolge kann man von einem weiteren Anstieg weiblicher Beschäftigungszahlen auch nicht automatisch eine "Modernisierung" aller Lebensbereiche und eine Reduktion der Fertilität erwarten.

5.6.3 Zum Zusammenhang von weiblicher Berufstätigkeit und Fertilität

Wie bereits angedeutet, besteht keine einfache eindimensionale Kausalbeziehung zwischen der Berufstätigkeit der Frau und ihrer Fertilität. Die hier diskutierte Untersuchung zu diesem Problemkreis basiert auf einer multiplen Regressionsanalyse mittels Daten aus dem RPFS 78. Es werden neben der jeweiligen wechselseitigen Beeinflussung der beiden Variablen unter Einbeziehung verschiedener anderer sozio-ökonomischer und demographischer Merkmale zwei Zeitdimensionen berücksichtigt. Je nachdem, ob man von der gegenwärtigen Fertilität oder der insgesamten Anzahl der Kinder und ob man von gegenwärtiger oder jemaliger Berufstätigkeit seit der Heirat spricht, ergeben sich verschiedene Beziehungsmuster.[32]

Betrachten wir nun zuerst die Ausprägung der Fertilität nach der Berufstätigkeit der Frau. Es zeigt sich hier im Einklang mit der bereits erwähnten Hypothese bei Frauen, die irgendwann während ihrer Heirat einem Beruf nachgingen, eine niedrigere Anzahl von jemals geborenen Kindern als bei Frauen, die nie berufstätig waren. Höchstwahrscheinlich aus Interessens- und Zeitkonflikten streben diese Frauen also eine Beschränkung der Kinderzahl an. Besonders häufig war dieses Phänomen bei älteren Frauen und bei Frauen, deren Ehemänner einen gehobenen Beruf hatten, zu beobachten. Auch war die Diskrepanz zwischen der Kinderzahl berufstätiger und nicht berufstätiger Frauen im ruralen Raum stärker ausgeprägt, was daran liegen dürfte, daß Berufstätigkeit hier eher mit einem Anstieg des sozialen Status zusammenhängt als in der Stadt.

Im Gegensatz dazu wiesen Frauen, die zum Zeitpunkt der Befragung berufstätig waren, hohe Fertilität innerhalb der letzten fünf Jahre vor dem RPFS 78 auf (= "gegenwärtige" Fertilität). Der kurzfristige Effekt weiblicher Berufstätigkeit bedeutet daher keineswegs eine Fertilitätsreduktion. Die Ursachen für die beobachteten Verhältnisse lassen sich anhand des vorhandenen Datenmaterials nicht genau eruieren. Aussagen über eventuelle Kausalzusammenhänge sind daher nicht empirisch belegt und bleiben Spekulationen. Die naheliegendste Vermutung ist wohl, daß Frauen, die in den letzten Jahren mehr Kinder geboren haben, aus ökonomischen Gründen zum Familieneinkommen beisteuern müssen (= *income inadequacy hypothesis*). Engracia and Herrin (1984) ziehen auch das Gegenteil in Betracht, nämlich daß das höhere Familieneinkommen, wenn beide Eltern verdienen, erst die Möglichkeit zu einer größeren Kinderzahl gibt. Im vorliegenden Fall scheint diese Interpretation jedoch weniger angebracht, da es sich bei den in Frage kommenden Frauen durchwegs um jüngere Frauen niedriger Parität handelt, die ohnehin noch Kinder bekommen wollen und werden. Möglicherweise ist das Problem aus dieser Sicht auch schwer zu klären, weil wichtige Aspekte des Beziehungsgeflechts nicht berücksichtigt werden. Wenden wir uns daher den Auswirkungen der Fertilität auf die Art und Weise der Berufstätigkeit zu.

Bei einer besonders hohen Anzahl von Geburten innerhalb der letzten fünf Jahre vor dem RPFS 78 verringert sich hier die Wahrscheinlichkeit, daß die Frau gegenwärtig beschäftigt ist. Dies kann dadurch erklärt werden, daß Frauen mit vielen kleinen Kindern zu deren Versorgung zu Hause bleiben müssen. Interessanterweise zeigt hohe gegenwärtige Fertilität bei Frauen im urbanen Bereich, bei jüngeren Frauen und bei Frauen, deren Ehemänner einfache Arbeiter (*manual workers*) sind, kaum negative Effekte auf die gegenwärtige Berufstätigkeit. Im urbanen Raum kann die allgemeine Tendenz zur Berufstätigkeit der Frau hierfür verantwortlich gemacht werden, auch erleichtern hier möglicherweise Kinderkrippen die Betätigung der Frau im außerfamiliären Bereich. Bei jüngeren Frauen und Frauen einfacher Arbeiter dürften jedoch finanzielle Gründe im Vordergrund stehen, so daß die Frau trotz kleiner Kinder berufstätig ist.

Soviel also zu den unmittelbaren Auswirkungen hoher Fertilität auf die weibliche Berufstätigkeit. In der langfristigen Folge ergeben sich andere Effekte. So erhöht eine insgesamt hohe Kinderzahl die Wahrscheinlichkeit, daß die Frau irgendwann seit ihrer Heirat einem Beruf nachging. Zeitkonflikte sind diesbezüglich kaum ausschlaggebend, da bei der Betrachtung über eine längere Periode die Kinder entweder schon älter sind und weniger Zuwendung benötigen oder ältere Kinder auf ihre jüngeren Geschwister aufpassen können. Außerdem dürften berufstätige Frauen dazu tendieren, ihre Kinder sehr früh nach der Heirat zu bekommen und nachher wieder arbeiten zu gehen. Frauen niedrigen Bildungsniveaus - vor allem solche im ländlichen Raum - beginnen hingegen meist schon sehr jung zu arbeiten und unterbrechen ihr Beschäftigungsverhältnis bei der Geburt von Kindern nur vorübergehend.

Fassen wir also die langfristigen Wechselwirkungen der beiden analysierten Komponenten zusammen, so haben einerseits berufstätige Frauen generell eine kleinere Familiengröße. Andererseits führt eine hohe Kinderzahl zu verstärkter Berufstätigkeit der Frau. Kurzfristig ergeben sich je nach Alter und sozialer Schicht verschiedene Möglichkeiten für die wechselseitige Beeinflussung von Fertilität und weiblicher Berufstätigkeit, die sich nicht ohne weiteres in das von der Theorie entwickelte Schema pressen lassen. Insgesamt muß man demnach feststellen, daß weibliche Berufstätigkeit nur unter speziellen Bedingungen mit niedriger Fertilität korreliert. Ein relativ hoher sozio-ökonomischer Status, der meist auch mit der Verinnerlichung neuer Familienideale einhergeht, scheint die Vorbedingung hierfür.

Soll das Ergreifen eines Berufes eine willkommene Ergänzung oder Alternative zum Kindergebären und -aufziehen darstellen, so muß sich auf dem Arbeitsmarkt noch einiges zugunsten der Frau ändern. Angesichts der herrschenden Arbeitsbedingungen sind wohl nur wenige Berufssparten geeignet, einen Beitrag zu "Selbstverwirklichung" der Frau darzustellen. Die meisten Frauen können sich den Luxus, ihren Beruf als Mittel zur Persönlichkeitsentfaltung zu betrachten, nicht leisten, sondern arbeiten aus ökonomischen Zwängen. Der Anstieg der weiblichen Berufstätigkeit in den niedrigen Altersklassen geht zum Beispiel auch darauf zurück, daß junge unverheiratete Frauen häufig arbeiten, um finanzielle Mittel zur Ernährung und Ausbildung jüngerer Geschwister und Verwandter beizusteuern.

Die Integration der Frau in den Arbeitsmarkt kann jedoch, wie sich erwiesen hat, langfristig zur Fertilitätsreduktion führen. Dies ist vor allem dann der Fall, wenn sich mit steigender Bildung und gehobener Berufstätigkeit die Präferenzen bezüglich der individuellen Lebensgestaltung verschieben. Eine derartige Entwicklung setzt allerdings neben der Gewährung akzeptabler sozio-ökonomischer Lebensbedingungen auch die gleichberechtigte Teilnahme der Frau am politischen und wirtschaftlichen Geschehen des Staates voraus. Solange Frauen jedoch nicht einmal das uneingeschränkte Recht zur selbständigen Entscheidung auf Familienebene haben, scheint auch ihre tatsächliche Gleichberechtigung auf anderen Gebieten in Frage gestellt.

5.7 Der Nuptialitätswandel als bedeutende Determinante der Fertilitätsentwicklung

Die Fertilitätsreduktion auf den Philippinen hat sich gleichzeitig mit einem umfassenden Nuptialitätswandel vollzogen, dessen demographische Auswirkungen nicht von der Hand zu weisen sind. Neben der abnehmenden Heiratshäufigkeit hat vor allem das steigende durchschnittliche Heiratsalter wesentlich zum Sinken der rohen Geburtenrate seit 1960 beigetragen, was auch aus dem geringen Abfall der TMFR in den niedrigen Altersgruppen hervorgeht (vgl. RPFS 1973, S.104). Derartige Beobachtungen überraschen nicht, wurde doch bereits in verschiedenen Entwicklungsländern die demographische Bedeutung der *nuptiality transition* festgestellt (Lesthaeghe 1971). Demzufolge sah das "Committee to Review the Philippine Population Programme" auch im weiteren Anstieg des durchschnittlichen Heiratsalters auf über 25 Jahre eine wesentliche Möglichkeit zur zukünftigen Einschränkung des Bevölkerungswachstums.

Fraglich ist allerdings, ob derartige Veränderungen in nächster Zukunft zu erwarten sind. Der Anteil der Unverheirateten im Alter von 20 bis 24 Jahren stieg vor allem zwischen 1948 und 1970 enorm an, und zwar von 41 auf 60 Prozent. In der darauffolgenden Dekade war ein vergleichsweise geringer Anstieg zu verzeichnen; auffallend sind nun vor allem große regionale Unterschiede. So waren im Jahr 1983 in Metro Manila 64 Prozent der Bevölkerung im Alter von 20 bis 24 Jahren nicht verheiratet, in Cagayan Valley hingegen nur 36 Prozent.

In bezug auf die bevölkerungspolitische Planung stellt sich nun die Frage nach den Auslösungsfaktoren dieses Nuptialitätswandels. Eine auf Ergebnissen des RPFS 1978 basierende Analyse (de Guzman 1984) untersuchte den Einfluß verschiedener demographischer, sozio-ökonomischer und sozio-kultureller Variablen auf das durchschnittliche Alter bei der ersten Heirat. Diese umfaßten verschiedene Merkmale zu Typifizierung des weiblichen Heiratsalters wie Alter, Region, urban-ruraler Wohnsitz, Ethnie, Bildungsgrad und Berufstätigkeit sowie beruflicher Status der Frau, Bildungsgrad und Beruf des Ehemannes. Die hierarchische Reihung der Variablen erfolgt in der oben genannten willkürlichen Ordnung.

Tabelle 43:
Differenzierung des Heiratsalters nach Wohnsitz unter dem Einfluß ausgewählter Variablen 1977 (RPFS) (für Frauen im Alter von 25 Jahren und darüber, wenn sie vor dem 25. Lebensjahr geheiratet haben)

Variable	Wohnsitz urban	rural	durchschnittl. Heiratsalter
1 -	19,5	18,6	18,9
2 Alter, Region, Ethnie	19,4	18,7	18,9
3 Alter, Region, Ethnie, Bildg.	19,01	18,8	18,9
4 Alter, Region, Ethnie, Bildg., Berufstät., Beruf Stat., Bildg.Ehem., Ber.Ehem.	18,9	18,9	18,9

Quelle: De Guzman 1984, S.20.

Tabelle 44:
Differenzierung des Heiratsalters nach der Schulbildung unter dem Einfluß ausgewählter Variablen 1977 (RPFS) (für Frauen im Alter von 25 Jahren und darüber, wenn sie vor dem 25. Lebensjahr geheiratet haben)

Variable	keine	Schulbildung Elementarschule	mittl. Schule	Highschool	College	durchschn. Heiratsalter
1 -		17,4	18,1	18,8	19,6	21,0	18,9
2 Alter,Reg.,Wohns.,Ethnie		17,6	18,2	18,8	19,5	21,0	18,9
3 Alter,Reg.,Wohns.,Ethnie, Berufstät.,Ber.Stat.		17,1	18,2	18,8	19,5	10,7	18,9
4 Alter,Reg.,Wohns.,Ethnie, Beruf,Berf.Stat.,Bildg.Ehem., Ber.Ehem.		17,9	18,3	18,8	19,4	20,6	18,9

Quelle: De Guzman 1984, S.20.

Insgesamt 16 Prozent des beobachteten Nuptialitätswandels können nach dieser Analyse durch die untersuchten Variablen erklärt werden, 11 Prozent entfallen allein auf das Bildungsniveau, die Berufstätigkeit und die berufliche Stellung der Frau.[33] Ethno-linguistische und religiöse Faktoren spielen eine untergeordnete Rolle. Zur Analyse der Wechselwirkung zwischen den individuellen Variablen wird die jeweils untersuchte Variable an erster Stelle berücksichtigt, der Einfluß aller übrigen Variablen in der üblichen hierarchischen Reihenfolge gruppenweise miteinbezogen.

Besonders hohen Erklärungswert besitzen die genannten sozio-ökonomischen Variablen bezüglich der urban-ruralen Unterschiede im durchschnittlichen Heiratsalter. Vor allem die höhere Bildung und berufliche Position der städtischen Bevölkerung, insbesondere der Frau, dürfte hier ausschlaggebend sein. Wird neben Alter, Region und Ethnie auch der Bildungsgrad der Frau miteinbezogen, reduziert sich die rural-urbane Diskrepanz weitgehendst, bei weiterer Berücksichtigung der weiblichen Berufstätigkeit sowie des Bildungsgrades und des Berufs des Ehemanns besteht keine Differenz mehr zwischen den urbanen und den ruralen Werten. Die registrierten Unterschiede resultieren demzufolge aus der sozio-ökonomisch besseren Position der städtischen Bevölkerung gegenüber der ländlichen Bevölkerung (vgl. Tab. 43).

Der bedeutende Einfluß weiblicher Bildung auf den Zeitpunkt der ersten Heirat zeigt sich bereits bei Absolventinnen der mittleren Schulstufe. Diese heiraten nahezu um eineinhalb Jahre später als Frauen ohne Schulbildung; Frauen, die ein College besucht haben, heiraten sogar um zweieinhalb Jahre später. Unter-

Nuptialitätswandel 113

sucht man nun den Einfluß weiterer Variablen auf die Differenz nach dem Bildungsgrad, so zeigt sich eine Angleichung der Niveauunterschiede in Richtung auf das durchschnittliche Heiratsalter. Dies läßt darauf schließen, daß eine bestimmte Schulbildung eng mit der speziellen Ausprägung der übrigen berücksichtigten Variablen zusammenhängt (vgl. Tab. 44).

Markante Unterschiede ergeben sich auch in der regionalen Differenzierung des Heiratsalters. Allerdings erwiesen sich die gewählten sozio-ökonomischen Faktoren hier als weniger relevant. Teilweise reflektieren die beobachteten Varianten im Heiratsalter sicherlich auch die regionalen Unterschiede in der Geschlechterproportion. Bei akutem Frauenmangel, wie er sich oft in den Regionen mit vorwiegend männlicher Einwanderung ergibt, sinkt das weibliche Heiratsalter meist; bei Frauenüberschuß liegt es oft eher hoch. Die Region Cagayan Valley zum Beispiel blickt als Grenzregion auf eine lange Tradition männlich dominierter Migration zurück, die in einer hohen Männerquote resultierte. Das durchschnittliche Heiratsalter ist hier auch heute noch landesweit am niedrigsten (17,5 Jahre). Auch andere Regionen mit hoher Männerquote wie etwa Bicol and Eastern Visayas zeigen ein relativ geringes Heiratsalter. Metro Manila hingegen, das durch vorwiegend weibliche Zuwanderung gekennzeichnet ist, weist das national höchste Heiratsalter auf. In diesem Fall dürfte der Nuptialitätswandel allerdings hauptsächlich durch die Modernisierung aller Lebensbereiche zu erklären sein. Nicht immer stehen Geschlechterproportion und Heiratsalter auch in dem beschriebenen Zusammenhang: In Northern und Southern Mindanao liegt das Heiratsalter trotz hoher Männerquote nur knapp unter dem nationalen Durchschnitt.

Zur weiteren Klärung der Determinanten der Nuptialität könnte auch eine detaillierte Betrachtung kultureller Unterschiede und die Einbeziehung psychologischer Faktoren hilfreich sein. Abgesehen davon, muß man auch berücksichtigen, daß die regionale Betrachtung sozio-ökonomischer Faktoren in ihrem Einfluß auf das Heiratsalter ein differenzierteres Bild ergeben muß als ihre Analyse nach einfachen Kategorien wie urban-ruraler Wohnsitz und Bildungsgrad der Frau. Typische Korrelationen sind in der Regionalanalyse weniger häufig zu erwarten, da die Bevölkerung einer Region ja eine sehr heterogene Gruppe ist.

Innerhalb der einzelnen Regionen steht das Heiratsalter wieder in eindeutigem Zusammenhang mit den untersuchten sozio-ökonomischen Indikatoren. Den höchsten Erklärungswert besitzen diese in der Region Bicol (27 Prozent), den geringsten in Ilocos (11 Prozent). Den größten Effekt üben dabei der Wohnsitz (urban-rural) und der Bildungsgrad der Frau aus.

Vor diesem Hintergrund wird ein besonderer Zusammenhang zwischen Nuptialitäts- und Fertilitätsentwicklung ersichtlich. Beide unterliegen nahezu den gleichen sozio-ökonomischen Indikatoren und müssen demzufolge als Bestandteil derselben gesellschaftsverändernden Prozesse betrachtet werden, die gemeinhin unter dem Schlagwort "Modernisierung" zusammengefaßt werden. Wenn auch dem weiteren Anstieg des Heiratsalters sicherlich Grenzen gesetzt sind, so hat sich doch gezeigt, daß gewisse Bevölkerungsgruppen noch nicht vom Nuptialitätswandel erfaßt wurden. Greift das "moderne" Heiratsverhalten auch auf diese über, so könnte dies einen bedeutenden Beitrag zur weiteren Fertilitätsreduktion leisten. Die Bedingungen späterer Heirat entsprechen dabei jenen zur Fertilitätsrestriktion: höhere Bildung und Berufstätigkeit der Frau.

Auf die Bedeutung des Nuptialitätswandels für die Fertilitätsreduktion auf den Philippinen wurde bereits hingewiesen. Änderungen im Heiratsverhalten werden für eine Großteil des Fertilitätsabfalls zwischen 1960 und 1970 verantwortlich gemacht. Da sich der Anstieg des Heiratsalters nach 1970 verlangsamt hat, kann der jüngste Fertilitätswandel nur mehr zu einem geringeren Ausmaß darauf zurückgeführt werden. Einen Eindruck von der Dimension des Effekteks der Nuptialität auf die Reproduktionsleistung vermittelt die Betrachtung der Anzahl der Kinder, die eine Frau je nach Heiratsalter im Durchschnitt gebiert. Die Differenz in der Kinderzahl bei sehr früher Heirat (unter 15 Jahren) und bei relativ später Heirat (mit 22 bis 24 Jahren) beträgt hier zirka drei Kinder. Aber auch, wenn man vom landesweit durchschnittlichen Heiratsalter ausgeht (18 bis 19 Jahre), ergibt sich bei dessen Verschiebung um vier bis fünf Jahre eine beachtlich niedrigere Kinderzahl (1,5 Kinder weniger). Dieses Verhältnis ist bei jüngeren Frauen (15 bis 29 Jahren) ähnlich wie bei älteren Frauen (30 bis 49 Jahre).

Der mögliche zukünftige Einfluß der Nuptialität auf die Fertilität wird unterschiedlich eingeschätzt. Daß ein weiterer Anstieg des Heiratsalters auch zur Fertilitätsreduktion führen würde, liegt auf der Hand. Das gegenwärtige Heiratsalter der Philippinen ist für den asiatischen Raum schon ziemlich hoch; das Alter von 24 Jahren wird häufig als "Obergrenze" für den Zeitpunkt der ersten Heirat betrachtet, die in nächster Zukunft sicherlich nicht landesweit überschritten werden dürfte. Andererseits heiraten noch viele philippinische Frauen im ländlichen Gebiet im Alter von 17 Jahren und darunter. Greift die städtische Lebensweise in Form von zunehmender weiblicher Bildung und Berufstätigkeit auch auf diese Gruppe über, so wird sich auch hier das Heiratsalter verschieben.

Nicht vergessen werden darf in diesem Zusammenhang jedoch, daß die Heiratsentscheidung auf den Philippinen nach wie vor eine Familienangelegenheit ist, d.h. die Eltern des Brautpaares haben bedeutenden Einfluß auf das Zustandekommen der Verbindung. Sogar nach dem aktuellen Family Code, der im Juli 1988 in Kraft trat, kommt den Eltern ein gesetzlich gesichertes Mitspracherecht bezüglich der Eheschließung ihrer Kinder (bis zu einer gewissen Altersgrenze des Brautpaares) zu. Frauen und Männer im Alter von 18 bis 21 Jahren dürfen nicht ohne die Einwilligung ihrer Eltern heiraten. Bis zum 25. Lebensjahr müssen die zukünftigen Ehepartner (sofern sie nicht aufgrund einer früheren Heirat bereits "Ehereife" besitzen) den Rat ihrer Eltern oder ihres Vormundes einholen. Sollten die betreffenden Personen ihren Rat verweigern oder dieser negativ ausfallen, so darf das Paar zwar trotzdem heiraten, die Heiratsurkunde wird jedoch erst nach einer Frist von drei Monaten ausgestellt.

5.8 Zum Stellenwert des Kindes und der Vorstellung von der idealen Familiengröße

Die Evaluierung von Familienplanungsprogrammen kann nicht ohne Kenntnis der gesellschaftlichen Einstellung zum Kind und der kulturellen Normen bezüglich der Familiengröße erfolgen. Pronatalistische oder antinatalistische Verhaltensweisen folgen dabei nicht nur ökonomischen, sondern auch emotionalen Kriterien.

Die durchschnittlich angestrebte Familiengröße hat sich auf den Philippinen in den letzten Jahren bei sechs Personen eingependelt (= Eltern und Kinder). Selbstverständlich entspricht dies nicht der tatsächlichen Familiengröße, die meist um einiges darüber liegt. Die jeweils angestrebte Familiengröße variiert dabei mit der Familienzyklusphase bzw. der Ehedauer. Kurz nach der Heirat wünschen sich die meisten Frauen drei Kinder (= ideale Familiengröße). Mit fortschreitender Ehedauer und wachsender Kinderzahl scheint jedoch die Anzahl der Kinder, die sich eine Frau insgesamt wünscht, zuzunehmen. Anscheinend paßt die Frau die vom objektiven Standpunkt als ideal erachtete Familiengröße ihrer individuellen Situation an. Sie formuliert so ein subjektives Ideal, in dem die bereits vorhandenen Kinder berücksichtigt sind. Erst ab einer Anzahl von vier Kindern kehrt sich dieses Verhältnis um: Die tatsächliche Kinderzahl liegt nun höher als die geplante (vgl. Abb. 18).

Der individuelle Kinderwunsch wird wesentlich vom generellen gesellschaftlichen Klima (kinderfreundlich oder -feindlich) geprägt. Im allgemeinen zeigt die philippinische Gesellschaft eine sehr hohe Wertschätzung des Kindes. Die Bewertung des Nutzens von Kindern liegt hier sowohl in ökonomischer als auch in emotionaler Hinsicht höher als in vielen anderen südostasiatischen Ländern (z.B. Thailand). Zum Teil geht dies sicherlich auch auf das religiöse Bekenntnis der Bevölkerung zurück; sowohl das Christentum als auch der Islam sehen im Kinderreichtum den Segen Gottes. Demzufolge betrachten Eltern ihre Kinder nicht nur als materielle Stütze im Alter, sondern auch als Quelle verschiedener sozialer und psychologischer Vorteile. Kinder sollen zum Glück der Familie beitragen und das Gefühl der Zusammengehörigkeit stärken.

Tabelle 45:
Durchschnittlich gewünschte Kinderzahl nach Anzahl der lebenden Kinder und der Ehedauer 1977 (RPFS)

	durchschnittliche Kinderzahl			Anzahl
	lebend	gewünscht	Differenz (gewünscht-lebend)	(absolut)
0 - 4	1,2	3,0	- 1,8	(1.648)
5 - 9	2,7	3,6	- 0,9	(2.012)
10 - 14	4,1	4,3	- 0,2	(1.660)
15 - 19	5,1	5,0	0,1	(1.512)
20 - 24	6,1	5,4	0,7	(1.248)
25 - 29	6,5	5,4	1,1	(852)
30 - 34	6,6	5,8	0,8	(307)
35 +	6,7	6,1	0,8	(15)
gesamt	4,0	4,3	0,3	(9.256)

Quelle: Morada und Alegre 1984, S.85.

Nach einer Umfrage aus dem Jahr 1975 (vgl. UNO 1978, S.161) sahen 83 Prozent der Frauen und 82 Prozent der Männer den größten Nutzen von Kindern in deren Hilfe bei der Hausarbeit und der Beaufsichtigung von Geschwistern, bezüglich der Altersversorgung der Eltern und in sonstigen praktischen und finanziellen Angelegenheiten. 14 Prozent der Frauen und 17 Prozent der Männer gaben überdies an, daß Kinder zum persönlichen Glück und Wohlbefinden der Eltern beitragen. Ungefähr 10 Prozent der Befragten erwähnten, daß Kinder für mehr Harmonie innerhalb der Ehe sorgen und zur Weiterführung des Familiennamens wichtig sind. Auffallend ist, daß die städtische Bevölkerung eher sozioemotionale Aspekte zur Beurteilung des "Wertes" von Kindern heranzog, die ländliche Bevölkerung jedoch eher sozio-ökonomische.

Nach den "Kosten" von Kindern, d.h. den Nachteilen, die sich aus dem Aufziehen von Kindern für die Eltern ergeben, befragt, gaben 35 Prozent der Frauen und 38 Prozent der Männer das Problem der finanziellen Erhaltung der Kinder an. Die Hälfte der Interviewten sah dabei in der Befriedigung elementarer Bedürfnisse wie Kleidung und Nahrung die Hauptbelastung, ein Drittel führte Ausbildungskosten an erster Stelle an. Dies zeigt deutlich, daß die meisten Familien mit existentiellen Sorgen kämpfen; an hinreichende Schulbildung kann schließlich erst nach der Befriedigung lebensnotwendiger Bedürfnisse gedacht werden. Ein weiterer Problemkreis ergibt sich aus der Krankheit von Kindern - entsprechend der schlechteren medizinischen Versorgung und materiellen Verhältnisse war die Angst, daß ein Kind krank werden könnte, im ruralen Raum weiter verbreitet als im städtischen Bereich.

Abbildung 18:
Anzahl der lebenden Kinder und gewünschte Kinderzahl nach der Ehedauer 1977 (RPFS)

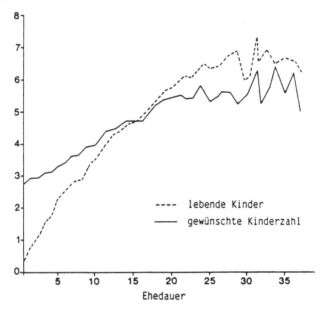

Quelle: Morada and Alegre 1984, S.84.

Neben diesen indirekten Faktoren, die sich allein aus der gesellschaftlichen Einstellung zum "Wert" des Kindes und aus der Heiratsdauer und der Anzahl der lebenden Kinder ergeben, wirken sich jedoch noch verschiedene andere kulturelle, ökonomische und psychologische Faktoren auf die Entscheidung für eine bestimmte Familiengröße aus. Schlechte sozio-ökonomische Lebensbedingungen die hohe Kindersterblichkeit verursachen, können über einen psychologischen Effekt zu höheren Kinderwünschen führen. Besonders ausgeprägt ist dieser, wenn die Mutter erst ein lebendes Kind hat; ab dem siebenten lebenden Kind verringert er sich jedoch zusehendst. Dies deutet nun einerseits darauf hin, daß Frauen, die den Tod eines Kindes erfahren mußten, sich sozusagen zur Kompensation mehr Kinder wünschen als Frauen, die kein derartiges Erlebnis hatten - andererseits sind hohe Kindersterblichkeit und hohe Kinderwünsche meist an dieselbe soziale Schicht gebunden.

Tabelle 46:
Durchschnittlich gewünschte Kinderzahl nach der Anzahl der lebenden Kinder und den Fällen von Kindestod 1978 (RPFS)

| lebende Kinder | gesamt | Kindestod erlebt oder nicht | | Differenz |
		kein Kind gestorben	mind. ein Kind gestorben	(4) - (3)
(1)	(2)	(3)	(4)	(5)
0	2,83	2,83	3,12	0,29
1	2,86	2,83	3,43	0,60
2	3,20	3,16	3,64	0,48
3	3,65	3,61	4,07	0,46
4	4,39	4,31	4,89	0,58
5	4,94	4,87	5,25	0,38
6	5,51	5,41	5,94	0,53
7	5,83	5,77	6,06	0,29
8	6,03	6,11	5,75	(- 0,36)
9 +	6,64	6,75	6,16	(- 0,59)

Quelle: Morada und Alegre 1984, S.84.

Ein eindeutig schichtspezifisches Merkmal ist nun der Bildungsgrad. Auch er beeinflußt die Anzahl der gewünschten Kinder maßgeblich. Generell sinkt der Kinderwunsch mit zunehmender Bildung; die Tatsache, daß Frauen mit Collegeabschluß sich mehr Kinder wünschen und auch mehr Kinder haben als jene mit etwas Collegebildung überrascht; möglicherweise handelt es sich hier aber um ein altersspezifisches Phänomen (Frauen mit Collegeabschluß sind etwas älter). Ein interessanter Aspekt ist, daß Frauen mit Elementarschulbildung und mittlerer Schulbildung durchschnittlich mehr Kinder gebären, als sie eigentlich wollen. Diese Gruppe ist offensichtlich bereits zur Familienplanung motiviert, betreibt jedoch noch keine oder jedenfalls keine effiziente Familienplanung.

Somit stellen sie die bedeutendste Zielgruppe für praktische Betreuung bei der Anwendung empfängnisverhütender Methoden dar. Gerade in diesem Bereich zeigt das philippinische Familienplanungsprogramm jedoch, wie die weitere Analyse zeigen wird, die größten Schwächen.

Die Gegenüberstellung der gewünschten Kinderzahl nach der Ehedauer und dem Bildungsniveau zeigt überdies, daß Frauen mit geringer oder ohne Schulbildung ihre Fertilitätspräferenzen am stärksten nachträglich an das tatsächliche Fertilitätsverhalten anglichen, d.h. ihre gewünschte Kinderzahl steigt mit den Ehejahren (und der höchstwahrscheinlich höheren Kinderzahl) beträchtlich.

Stellenwert des Kindes 119

Nach 29 Ehejahren geben sie fast doppelt so viele Kinder als "gewünscht" an als zu Beginn der Ehe. Bei gebildeteren Frauen ist diese Diskrepanz weniger drastisch (vgl. Tab. 40).

Tabelle 47:
Durchschnittlich gewünschte Kinderzahl nach dem Bildungsgrad der Mutter 1978 (RPFS)

Bildungsgrad	mittleres Alter	Mittlere Kinderzahl gewünscht	Mittlere Kinderzahl lebend	Differenz (gewünschte-lebende)
kein Abschluß	37,7	5,7	5,6	0,1
Elementarschule	35,9	5,1	5,4	(- 0,3)
mittlere Schule	32,9	4,4	4,5	(- 0,1)
Highschool	32,4	4,0	3,8	0,2
etwas College	31,2	3,6	2,9	0,7
Collegeabschluß	34,9	3,8	3,0	0,8
Gesamt	33,7	4,4	4,3	0,1

Quelle: Morada und Alegre 1984, S.87.

Tabelle 48:
Durchschnittlich gewünschte Kinderzahl nach dem Bildungsgrad der Mutter und der Ehedauer 1978 (RPFS)

Ehedauer	ohne Schulbildg. od.ohne Abschluß	Elementarschule	mittl. Schule	Highschool	etwas College	Collegeabschluß oder höher
0 - 4	3,6	3,7	3,1	2,9	3,0	3,0
5 - 9	4,8	3,9	3,6	3,4	3,8	3,7
10 - 14	4,9	4,6	4,5	4,1	3,8	3,8
15 - 19	5,5	5,6	5,0	5,1	3,8	3,9
20 - 24	6,6	5,8	5,3	4,8	4,4	5,8
25 - 29	6,8	5,6	5,7	5,0	4,8	4,4
30 - 34	6,1	5,8	5,2	5,0	2,0	3,7

Quelle: Morada und Alegre 1984, S.86.

Die bisher genannten Indikatoren unterschiedlich hoher Kinderwünsche beziehen sich vor allem auf psychologische Effekte und schichtspezifische Verhaltensweisen, teilweise reflektieren diese jedoch wiederum Unterschiede in den sozio-ökonomischen Lebensbedingungen (z.B. Höhe der Kindersterblichkeit, Bildungschancen der Frau). Sieht man im Einklang mit Caldwell Änderungen im generativen Verhalten vorwiegend als Resultat einer Umstrukturierung des Produktionsprozesses und der daraus resultierenden gesellschaftlichen Veränderungen, so folgen die pro- und antinatalistischen Normen einer Gesellschaft vorwiegend ökonomischen Kriterien. Diese wiederum hängen von den kulturellen Grundvoraussetzungen ab und unterliegen außerdem einer emotionalen Bewertung. Während der unmittelbare ökonomische "Nutzen" von Kindern (z.B. als zusätzliche Arbeitskräfte) umstritten ist, gilt die Absicherung der Altersversorgung der Eltern allgemein als ein Hauptmotiv für die große Kinderschar der Familie in traditionellen Gesellschaften.

Angesichts der finanziellen Belastung, die Kinder für ihre Eltern darstellen, scheint eine detaillierte Betrachtung der materiellen Vorteile, die Kinderreichtum im Alter bringen kann, und der ökonomischen Erwartungen der Eltern an ihre Kinder angebracht. Hier zeigt sich, daß Kinder ihre Eltern im Alter häufig materiell unterstützen. Immerhin bekam ein Drittel der im NDS 83 erfaßten Frauen von ihren Kindern im Alter von 18 Jahren und darüber regelmäßig finanzielle Zuwendungen. Noch höher lagen allerdings die Erwartungen von Frauen mit Kindern unter 18 Jahren an deren zukünftige materielle Hilfe. Große Differenzen zeigten sich zwischen dem urbanen und dem ruralen Raum: Städter erwarteten in der Regel weniger Unterstützung, erhielten aber tatsächlich mehr.

Tabelle 49:
Prozentualer Anteil verheirateter Frauen (15 bis 49 Jahre), die finanzielle Unterstützung von ihren Kindern erwarten und die tatsächlich unterstützt werden, 1983

verh. Frauen nach Merkmal	Luzon urban/rural		Visayas urban/rural		Mindanao urban/rural		Philippinen urban/rural	
verh.Frauen mit Kd.über 18J., die Unterstützung bekommen	36,9	33,0	31,9	33,8	37,2	35,2	36,3	34,1
verh.Frauen mit Kd.unter 18J., d.sich zukünftige Unterstützg. erwarten	40,4	54,3	52,2	58,5	57,3	52,2	47,8	59,9
verh.Frauen ohne Kd., die sich von zukünftigen Kd. Unterstützg. erwarten	33,3	37,2	69,2	63,3	42,4	57,6	47,9	47,3

Quelle: Domingo, Flieger, Madigan 1985.

Im ländlichen Mindanao liegt der Prozentsatz der Frauen, die sich zukünftige finanzielle Hilfe erwarten, sogar doppelt so hoch wie jener der Frauen, die tatsächlich unterstützt wurden (vgl. Domingo et.al. 1985, S.74-75).

Das generative Verhalten wird nun vor allem durch die elterlichen Erwartungen an ihre Kinder geprägt. Die *old-age hypothesis* sieht in der Absicherung der Altersversorgung sogar das Hauptmotiv für die große Kinderzahl einer Familie in traditionellen Gesellschaften. Je mehr Kinder ein Ehepaar hat, desto größer ist die Chance, daß eines von ihnen später in der Lage sein wird, seine Eltern materiell zu unterstützen. Das traditionelle Familiensystem auf den Philippinen weist die Verantwortung für die Altersversorgung jedoch nicht nur den unmittelbaren Nachkommen zu, auch von entfernteren Verwandten und anderen Mitgliedern der dörflichen Gemeinschaft (z.B. Nachbarn) wird die Unterstützung älterer Leute erwartet. Hat ein Ehepaar nur wenige Kinder, so steht es deshalb nicht unbedingt "unversorgt" da.

Daraus könnte man schließen, daß sich die Familiengröße auf den Philippinen weniger an Überlegungen zur Altersversorgung orientiert. Demgegenüber sind jedoch, wie bereits erwähnt, die Erwartungen bezüglich künftiger Unterstützung durch die Kinder bei den meisten Eltern sehr hoch. Das staatliche Versicherungssystem erfaßt außerdem nur einen geringen Anteil der Bevölkerung und garantiert keineswegs eine ausreichende finanzielle Grundlage für den Lebensabend.

Tabelle 50:
Ideale und angestrebte Kinderzahl nach elterlichen Unterstützungserwartungen 1975

		Unterstützungserwartungen		
	gesamt	keine	wenig	große
ideale Kinderzahl	3,6	3,4	3,5	3,8
angestrebte Kinderzahl	4,0	3,9	3,9	4,2

Quelle: De Vos 1985, S.801.

Setzt man nun die als ideal angesehene Familiengröße in Relation zu den Unterstützungserwartungen der Eltern, so ergibt sich eine positive Korrelation: Eltern, die auf große materielle Hilfe hoffen, wünschen sich in der Regel mehr Kinder.

Dieser Zusammenhang besteht auch, wenn man verschiedene Meßgrößen für die Fertilitätspräferenzen heranzieht. Sowohl die als ideal betrachtete Kinderzahl als auch die tatsächlich gewünschte Kinderzahl wird von der erwarteten Altersunterstützung beeinflußt.[34] Bezüglich der Anzahl der noch zusätzlich gewünschten Kinder ergibt sich erst bei höherer Parität ein positiver Effekt. Frauen, die von ihren Kindern große Unterstützung im Alter erwarten, wollen doppelt so häufig noch ein viertes Kind wie Frauen, die auf keinerlei Unterstützung spekulieren. Die genannten Zusammenhänge sind im ruralen Raum ausgeprägter als im urbanen und betreffen nur die unterste soziale Schicht, vor allem die bäuerliche Bevölkerung (vgl. De Vos 1985).

Die vorangegangenen Ausführungen illustrieren, daß Kinder nach wie vor aus ökonomischen Gründen als "wertvoll" erachtet werden. Wenn auch ihre Bedeutung als potentielle Altersversorger im modernen Umfeld und unter zufriedenstellenden sozio-ökonomischen Bedingungen abnimmt, so sehen sich arme bäuerliche Eltern im Alter von ihren Kindern abhängig. Eine Ausweitung des Pensionssystems stellt daher möglicherweise für bestimmte Bevölkerungsgruppen einen Anreiz zur Verringerung ihrer Kinderzahl dar.

Eine Ausweitung des Sozialversicherungs- und Pensionssystems wird laut Entwicklungsplan 1987-1992 auch angestrebt. Für einen Teil der "unattached, abandoned and neglected elderly" (UNO 1989, S.14) wurden außerdem in den letzten Jahren durch den Bau von Altersheimen bessere Betreuungsmöglichkeiten geschaffen.

Eine tatsächliche Fertilitätsreduktion ist trotz aller staatlichen Bemühungen zur Schaffung wesentlicher Anreize nur dann zu erwarten, wenn die Fertilitätspräferenzen weitgehend mit der tatsächlichen Fertilität übereinstimmen. Dies ist bis jetzt jedoch selten der Fall - nur wenige Frauen haben ihre Kinderzahl vorausgeplant. Dies dürfte vor allem daran liegen, daß effiziente Verhütungsmethoden relativ gering verbreitet sind und Familienplanung eher sporadisch betrieben wird.

6 Die Bedeutung der gezielten Familienplanung für den Fertilitätswandel

6.1 Die staatliche Familienplanungspolitik

6.1.1 Die Familienplanungsprogramme der Regierung Marcos

Die bevölkerungspolitischen Konzepte der philippinischen Regierung weisen der Familienplanung nun seit mehr als zehn Jahren eine bedeutende Stellung zu. Im Jahr 1967 unterzeichnete der damalige Präsident Marcos die Bevölkerungserklärung der UNO, in der es hieß:

> The population problem must be recognized as a principal element in long-range national planning if governments are to achieve their economic goals and fulfill the aspirations of their people. (Zitat nach Engracia et.al. 1984, S.189)

Die folgenden Jahre waren durch verschiedene Aktivitäten zur Förderung der Familienplanung gekennzeichnet. Im Jahr 1969 wurde zur Untersuchung der Bevölkerungssituation auf den Philippinen die "Commission of Population" ins Leben gerufen, ein Jahr später wurde das "National Population Program" erstellt, das vor allem auf die Reduzierung der Bevölkerungswachstumsrate abzielte. Im Jahr 1971 folgte dann der sogenannte "Population Act", mit dem ein nationales Familienplanungsprogramm erlassen wurde.

Die Strategie der Familienplanungspolitik kann unter drei wesentlichen Punkten zusammengefaßt werden. Diese sind:

- Zwanglosigkeit: Das Recht jedes Ehepaares, seine Familiengröße selbst zu bestimmen, bleibt unangetastet. Familienplanung und Empfängnisverhütung erfolgen daher freiwillig und im Einklang mit der moralischen und religiösen Überzeugung der betroffenen Personen. Die Wahl unter verschiedenen sanktionierten Methoden der Empfängnisverhütung steht frei.
- Abtreibungsverbot: Abtreibung ist gesetzlich verboten.
- Selbständigkeit: Obwohl das Familienplanungsprogramm auch von ausländischen Geldgebern unterstützt wurde, muß es in der Lage sein, sich selbst zu tragen.

Die Ziele dieses Programms lagen vorwiegend in der Information über Familienplanung, bekannt unter dem Motto "information, education and communication", und in der Bereitstellung von Verhütungsmitteln. Im wesentlichen wurden

Familienplanungsaktivitäten dabei in der bestehenden Struktur von Spitälern und Gesundheitszentren integriert, wobei sowohl die Privatwirtschaft als auch öffentliche Anstalten den Familienplanungsservice aufnahmen. Die Rolle des privaten Sektors wurde im Jahr 1972 sogar explizit in einem Zusatzartikel zum "Population Act" ausgedrückt. Ab zirka 1973 begann die "Philippine Commission of Population" (POPCOM) auch mit der Errichtung spezieller Familienplanungskliniken in medizinisch unterversorgten Gebieten. Überdies wurden Großbetriebe, die eigene medizinische Versorgungsstellen hatten, dazu verpflichtet, auch einen Familienplanungsservice anzubieten. (Ab etwa 1980 konnten auch noch andere Betriebe für diese Idee gewonnen werden.)

Im Jahr 1974 wurde ein Ansatz zur integrierten Bevölkerungspolitik unternommen. Das TIDA-Konzept (=Total Integrated Development Approach) sah die Ausweitung von Familienplanungsprogrammen bei gleichzeitiger sozio-ökonomischer Entwicklung vor. Dieses Projekt blieb jedoch im Anfangsstadium stecken; seine Einstellung wurde sicherlich entscheidend durch die negative Haltung eines der bedeutendsten ausländischen Geldgeber, der AID (Agency for International Development), gefördert. Diese Organisation machte ihre finanzielle Unterstützung von kurzfristigen Erfolgsergebnissen abhängig, die langfristige Planung erschien ihr unrentabel (vgl. Warwick 1982, S.49).

Die Ziele der Familienplanung wurden daher fortan weitgehend isoliert von den übrigen Entwicklungsprogrammen formuliert. Abgesehen davon zeigte sich in der Ausführung der Konzepte bald, daß ein wichtiger Aspekt - nämlich die besondere Berücksichtigung des ruralen Raums - nahezu vergessen worden war. Der Großteil der Maßnahmen erstreckte sich auf die städtischen Ballungsgebiete und hier auch wieder vorwiegend auf hochentwickelte Regionen wie Metro Manila und Luzon. Gerade jene Gebiete mit den höchsten Geburtenraten wurden extrem vernachlässigt. Um diesen Mangel zu beheben, wurde im Jahr 1967 das "National Population Outreach Program" (NPOP) erstellt, demzufolge "fliegende" Familienplanungsberater in ländliche Gebiete entsandt wurden. Ihre Aufgabe besteht darin, Kontakt mit jedem verheirateten Ehepaar des Betreuungsgebietes aufzunehmen, sie mit dem Familienplanungsgedanken vertraut zu machen, sie über Methoden zur Empfängnisverhütung zu informieren und deren Anwendung zu leiten. Die Konzeption dieses Programms orientierte sich an jenen, die in Thailand und Indonesien bereits ziemlich erfolgreich durchgeführt worden waren. Obwohl man hoffen kann, daß auf diese Weise weitere Bevölkerungskreise erreicht wurden, blieben merkliche Mängel der Bevölkerungspolitik weiter bestehen.

Dabei zeigte sich, daß die Entwicklungspläne zwar meist genaue Angaben über die angestrebte Reduzierung der Bevölkerungswachstumsrate, die gewünschte Abnahme der Geburtenrate und die erwartete Zunahme der Verhütungsrate enthielten; wie diese Ziele erreicht werden sollten, wurde aber keineswegs derartig deutlich umrissen. So kritisierte auch das "Special Committee to Review the Philippine Population Program", daß bestimmte bevölkerungspolitische Ziele ohne Rücksicht auf ihre Realisierbarkeit formuliert wurden. Sozio-ökonomische Konzepte zur Erreichung sinkender Fertilitätsraten waren meist eher ungenau definiert. Zwar ist die Regierung seit 1980 bemüht, demographische Aspekte in die übrige Entwicklungsplanung zu integrieren; 1981 wurde dazu sogar ein "Population and Development Planning and Research Project" initiiert, greifbare Resultate blieben jedoch bisher aus.

Der Entwicklungsplan 1984-87 betont zwar das Bestreben "to minimize urban-rural welfare differentials" (Zitat nach Jamias 1985, S.2), zahlenmäßige Angaben über das Ausmaß einer angestrebten Einkommensumverteilung fehlen aber zum Beispiel. Auch zur Stellung der Frau und ihrer beruflichen Integration wird nur bemerkt, daß sich die Zugangschancen der Frau zu weiterer Schulbildung und beruflich attraktiveren Positionen erhöhen müssen. Weder konkrete Maßnahmen zur Verbesserung der Situation der Frau noch irgendwelche exakteren Zielformulierungen sind jedoch im Entwicklungsplan enthalten. Integrierte Bevölkerungspolitik konnte auf diese Weise nicht realisiert werden.

6.1.2 Die Familienplanungspolitik der Regierung Aquino

Unter der Regierung Aquino ist die Familienplanungspolitik zunehmend in den Bereich einer umfassenden Bevölkerungs- und Sozialpolitik gerückt worden. Bevölkerungswachstum und sozio-ökonomische Entwicklungen werden im aktuellen Entwicklungsplan in ihrer wechselseitigen Bedingtheit erfaßt. Diese bildet auch eine Grundlage für die Formulierung bevölkerungspolitischer Ziele:

> The two-way dynamic relationship between development and population growth couples with the strengthened promotion of family planning in the context of responsible parenthood and family welfare will result in the anticipated decline in the population growth rate from 2.4 to 2.2 percent. (Development Plan 1987-1992, S.22)

Bis zum Jahr 1992 sollen auch die regionalen Schwankungen in der durchschnittlichen jährlichen Wachstumsrate der Bevölkerung weitgehend ausgeglichen sein. Man strebt für alle Regionen Raten von 1,9 bis maximal 2,8 Prozent an.

Eine bedeutende Rolle wird in aktuellen Familienplanungskonzepten auch der Förderung eines neuen weiblichen Selbstverständnisses zugewiesen. Dabei wird bereits berücksichtigt, daß Frauen eine Einschränkung ihrer Kinderzahl wahrscheinlich nur dann aktiv anstreben werden, wenn sich ihnen aufgrund sozio-

Tabelle 51:
Bevölkerungsprojektion nach Regionen 1987 - 1992

	1987	1988	1989	1990	1991	1992	durchschn.jährl. Wachst.rate 1987-1992
Bevölk.zahl (in Mio.)	57,36	58,72	60,10	61,48	62,87	64,26	
Bevölkerungswachstumsrate (in Prozent)	2,41	2,38	2,34	2,30	2,26	2,21	2,32
regionale Bevölk. (in Mio.)							
NCR	7,35	7,56	7,77	7,97	8,18	8,38	2,69
I	4,06	4,13	4,21	4,29	4,37	4,45	1,89
II	2,65	2,71	2,78	2,84	2,91	2,98	2,40
III	5,73	5,86	6,00	6,14	6,28	6,42	2,34
IV	7,49	7,69	7,90	8,10	8,31	8,52	2,65
V	4,10	4,20	4,29	4,39	4,48	4,58	2,34
VI	5,32	5,44	5,56	5,67	5,79	5,91	2,12
VII	4,36	4,45	4,53	4,62	4,70	4,79	1,88
VIII	3,19	3,24	3,30	3,36	3,42	3,48	1,79
IX	2,99	3,06	3,13	3,19	3,26	3,33	2,16
X	3,35	3,44	3,53	3,62	3,71	3,80	2,56
XI	4,03	4,13	4,23	4,33	4,44	4,54	2,41
XII	2,73	2,80	2,87	2,94	3,01	3,09	2,47

Quelle: Development Plan 1987-1992, S.60.

ökonomischer Verbesserungen neue Lebensperspektiven eröffnen. Neben dem Gebären und Aufziehen von Kindern müßten sich demgemäß noch verschiedene andere Alternativen zur weiblichen Selbstverwirklichung bieten. Programme zur Erhöhung des Bildungsniveaus der Frau, zur Verbesserung ihres Gesundheitszustandes und zur Anhebung ihrer Berufs- und sonstigen sozio-politischen Partizipationschancen werden ausdrücklich als Faktoren für einen langfristigen Fertilitätsrückgang angeführt (vgl. Development Plan 1987-1992, S.40).

Von sinkenden Geburtenraten erwartet man sich einerseits eine Verbesserung des Gesundheitszustandes von Mutter und Kind, andererseits auch eine Änderung der gesellschaftlichen Stellung der Frau. In diesem Sinne heißt es:

> In addition the savings in time and energy required for child-bearing and child-rearing activities will enable women to participate and assume a more active role in community activities. (Development Plan 1987-1992, S.232)

Ein weiterer Aspekt der aktuellen Familienplanungspolitik ist das Konzept der "responsible parenthood", das im wesentlichen Bildungsprogramme zur Informa-

Empfängnisverhütung 127

tion über richtige Kinderpflege, Kinderernährung insbesondere Brustfütterung, Hygiene und Gesundheitsvorsorge (z.B. Impfung) umfaßt.

Die Rückschläge in der Ausbreitung der praktizierten Empfängsnisverhütung zwischen 1978 und 1983 führt man auf die mangelnde Integration der Familienplanungskonzepte in die übrige Entwicklungsplanung sowie auf das Unvermögen vergangener Familienplanungsprogramme, die stetig wachsende Anzahl der Frauen im reproduktionsfähigen Alter zu erfassen, zurück.

Diesbezüglich ist anzumerken, daß das "Outreach-Projekt" bisher nur mäßigen Erfolg verbuchen konnte. Nach Umfrageergebnissen aus dem NDS 1983 konnten nur 37 Prozent der verheirateten Frauen im reproduktionsfähigen Alter eine lokale Familienplanungsservicestelle in der Nähe ihres Wohnsitzes nennen. Von denen, die eine Familienplanungsstelle angaben, bezogen jedoch nur 29 Prozent von dieser Verhütungsmittel wie Pille und Kondom. Eine Weltbankuntersuchung (1988) weist zudem darauf hin, daß die mangelnde Anwendung von Verhütungsmitteln zu einem beachtlichen Ausmaß auf finanzielle Gründe zurückzuführen ist. Die Untersuchung ergab, daß sich 67 Prozent aller Frauen den Kauf von Kontrazeptiva nicht leisten können (vgl. Weltbank 1988, S.61). Die Gratisverteilung von Verhütungsmitteln funktioniert offenbar nicht im geplanten Ausmaß. Dies zeigt einmal mehr, daß Familienplanung nur gleichzeitig mit sozio-ökonomischer Entwicklung erfolgen kann.

6.2 Die Verbreitung theoretischer Kenntnisse über Empfängnisverhütung und der aktuelle Stand der Verhütungspraxis

6.2.1 Die Einstellung gegenüber modernen Kontrazeptiva, die vorwiegend eingesetzten Methoden und ihre Effizienz

Wie aus der vorangegangenen Analyse der Fertilitätspräferenzen hervorgeht, wünschen sich viele philippinische Frauen weniger Kinder als sie tatsächlich gebären. Empfängsnisverhütung wird also nicht in einem Ausmaß und mit einer Effizienz betrieben, die eine einigermaßen zuverlässige Vorausplanung der Familiengröße erlauben. Nach Ergebnissen des RPFS 78 haben zwar 9 von 10 Frauen schon von Familienplanungsmethoden gehört, aber weniger als die Hälfte aller Frauen, die gegenwärtig einem "Schwangerschaftsrisiko" ausgesetzt waren,[35] betrieben Empfängsnisverhütung. Ein noch geringerer Prozentsatz verwendet eine effiziente Methode, wie die Pille oder die Spirale, oder ließ sich sterilisieren.

Diese Daten illustrieren, daß die Familienplanungsprogramme im Bereich der Information recht erfolgreich gewesen sind. Vom reinen Wissen über Empfängnisverhütung bis zu deren Akzeptanz und effektiven Anwendung ist es jedoch ein langer Prozeß. Der Großteil der verheirateten Frauen im reproduktionsfähigen Alter (15 bis 49 Jahren) zeigt bereits eine positive Einstellung gegenüber modernen Kontrazeptiva, tatsächlich angewandt werden diese jedoch nur von einem relativ geringen Prozentsatz.

Eine positive Einstellung gegenüber modernen Verhütungsmaßnahmen wird nun von verschiedenen Faktoren geprägt. Hohe Schulbildung und urbaner Wohnsitz sind meist Indikatoren für die Befürwortung moderner Verhütungsmittel. Wesentlich spielt jedoch auch die religiöse Einstellung mit. Zeigte die jeweilige Religionsgemeinschaft allgemein eine ablehnende Haltung gegenüber Empfängnisverhütung, so wurde diese auch von einem viel geringeren Prozentsatz der Frauen akzeptiert. Besonders negativ waren Muslimfrauen gegenüber modernen Kontrazeptiva eingestellt, unter Anhängerinnen der Iglesia ni Kristo fanden sich die meisten Befürworterinnen.

Tabelle 52:
Einstellung verheirateter Frauen im reproduktionsfähigen Alter (15-49) gegenüber modernen Familienplanungsmethoden 1983 (prozentualer Anteil)

Einstellung	Philippinen	Luzon	Visayas	Mindanao
sehr positive Einstellung	29,1	28,3	32,2	28,2
mäßig positive Einstellung	34,5	41,7	33,2	24,8
verschieden, keine Meinung	7,0	5,6	8,5	8,1
mäßig negative Einstellung	14,9	13,9	13,4	17,4
sehr negative Einstellung	14,5	10,5	12,6	21,5
(Anzahl)	(2.650)	(1.289)	(492)	(866)

Quelle: De Vos 1985, S.801.

In der tatsächlichen Anwendung von Verhütungsmethoden zeigt sich nun, daß effiziente Methoden im nationalen Durchschnitt weniger häufig eingesetzt werden als weniger effiziente traditionelle Praktiken. Im Gegensatz zur Inselgruppe Mindanao haben sich moderne Methoden in Luzon und Visayas jedoch schon besser durchgesetzt, sie werden von einem größeren Prozentsatz der verhütenden Frauen angewendet als alle anderen Methoden. Unter den traditionellen Praktiken sind Coitus interruptus und die Kalendermethode am weitesten verbreitet; bei den modernen Verhütungsmaßnahmen rangiert die Sterilisation weit vor Pille und Spirale.[36]

Tabelle 53:
Positive Einstellung gegenüber modernen Methoden zur Empfängnisverhütung nach ausgewählten Variablen 1980 (prozentualer Anteil der verheirateten Frauen im Alter von 15-49 Jahren mit positiver Einstellung)

unabhängige Variable	Prozent dafür	unabhängige Variable	Prozent dafür	
			ja	nein
Schulbildung		über Familienplanung gehört von		
keine		Freunden oder Nachbarn	75,3	58,6
Stufe 1-4	64,9			
Stufe 5-7	69,4	über Familienplanung gehört		
Highschool (1-4)	75,4	im Radio	74,3	63,2
College (1+)	83,4	im Fernsehen	83,4	68,6
Wohnsitz		im Kino	80,2	68,7
urban	76,3	in einem Vortrag	76,0	68,7
rural	69,2	in einer Broschüre	80,4	67,6
Religion		in einer Zeitung	79,8	66,6
Römisch Katholisch	70,1			
Iglesia ni Kristo	83,5	über Familienplanung beraten von		
Protestantisch	70,8	medizinischen Betreuer	80,5	66,1
Moslem	63,3	FTOW	79,7	68,7
Einstellg.d.Relig. zur Fam.plng.		BSPO	79,5	68,0
positiv	77,5			
ablehnend	48,8			
weder noch	51,3			
keine Meinung	58,8			

Quelle: Perez und Babigon 1985, S.54.

Scheint der gegenwärtige Einsatz moderner Kontrazeptiva auch gering, so muß man doch bemerken, daß dieser zwischen 1968 und 1978 - also in der Anlaufphase der staatlichen Familienplanungsprogramme - beachtlich gestiegen ist. Nach 1978 macht sich der Abfall im Prozentsatz der verhütenden Frauen bemerkbar, wenngleich auch unter diesen eine Verschiebung zugunsten der Verwendung effizienter Methoden stattfand. Auffallend ist, daß gerade in progressiven Regionen mit allgemein hoher Verhütungsrate Rückgänge zu verzeichnen waren, während in rückständigen Regionen wie Bicol und Northern Mindanao weiterhin ein mäßiger Aufwärtstrend bestand (vgl. Tab. 55, 56).

Lassen sich aus der Registrierung neuer Akzeptanten der Familienplanung nun zwar Einblicke in zeitliche und regionale Entwicklungsmuster gewinnen, so geben sie doch wenig Aufschluß über deren tatsächlichen Effekt auf die Fertilität. Dieser läßt sich mit der Schwangerschaftsrate nach Pearl (Pearl Pregnancy Rate) - die die Anzahl der trotz Verhütung zustandegekommenen Schwangerschaften pro 100 Frauen angibt - und mit der Fortführungsrate (= Dauer des

Einsatzes) der einzelnen Verhütungsmethoden annähernd bestimmen. Als sicherste Methode erwies sich demnach die Spirale; die enorm hohe Versagerquote bei Verhütung mittels Kondom aber auch die relativ hohe Schwangerschaftsrate bei Verwendung der Pille muß sicherlich auch als Ergebnis unregelmäßiger oder falscher Anwendung dieser beiden Methoden gewertet werden. Auch bei den Fortführungsraten schneidet die Spirale am günstigsten ab, was nicht wundert, da diese ja üblicherweise nur bei auftretenden Komplikationen frühzeitig (= vor der Dreijahresfrist) entfernt wird. Auch die Kombination verschiedener weniger effizienter Methoden (Coitus interruptus, Kalendermethode, Kondom) wird über einen relativ langen Zeitraum betrieben, während Verhütung mittels Kondom meist schon bald wieder aufgegeben wird (vgl. Tab. 48).

Tabelle 54:
Anwendung verschiedener Verhütungsmethoden 1983 (von verheirateten Frauen im Alter von 15 bis 44 Jahren)

Methode	Luzon	Visayas	Mindanao	Philippinen
		(Anteil in Prozent)		
effiziente Methode	19,1	16,3	11,7	14,5
weibliche Sterilisation	10,6	7,5	5,4	8,5
männliche Sterilisation	0,3	0,8	0,7	0,6
Spirale	2,5	3,4	1,7	2,4
Pille	5,7	4,6	3,9	5,0
weniger effiziente Methode	12,3	17,5	16,1	16,9
Kalendermethode (Ka)	3,5	7,4	8,5	6,0
Kondom (Ko)	1,2	2,0	1,5	1,4
Coitus interruptus (C)	4,5	2,6	2,6	3,6
Ka + C	1,7	2,6	1,2	1,9
Ka + Ko	0,5	1,2	0,7	0,7
Ko + C	0,0	0,2	0,4	0,2
andere	0,2	0,2	0,5	0,3
alle Methoden	31,4	33,9	27,8	31,4

Quelle: Domingo, Flieger, Madigan 1985.

Aufgrund dieser Beobachtungen läßt sich nun eruieren, wieviele Frauen effiziente Familienplanung betreiben. Nimmt man eine Effektivität von 100 Prozent für die Sterilisation, 95 Prozent für die Spirale, 85 Prozent für die Pille und 60 Prozent für alle anderen Methoden an, so liegt der Anteil der verheirateten Frauen im reproduktionsfähigen Alter, die wirksam vor einer Schwangerschaft geschützt sind, für 1983 bei 26,2 Prozent. Seit 1978 zeigt sich trotz des sinkenden Anteils von Frauen, die Empfängnisverhütung betreiben, ein kaum nennenswerter Abfall

Empfängnisverhütung 131

Tabelle 55:
Anwendung verschiedener Verhütungsmethoden 1968 bis 1983 (prozentualer Anteil der verheirateten Frauen im Alter von 15 bis 44 Jahren, die die jeweilige Methode anwenden)

gegenwärtige Methode	NDS 5/68	NDS 5/73[a]	RPFS 5/78	COS 7/78	COS 7/80	NDS 6/83[b]
Gesamt	16	24	37	48	46	33,4
Methode der Familienplanungsprogr.	8	19	25	31	29	28,4
Moderne Methode	2	11	12	11	14	17,5
Pille	1	7	5	5	5	5,5
Sterilisation	-	1	5	4	7	9,5
Andere Methode	6	8	13	20	15	10,8
Kalendermethode	6	7	9	11	8	6,4
Kondom	-	1	-	4	2	1,5
Kombination v. Methoden	-	-	-	5	5	2,9
Methode nicht im Familienplanungsprogr.						
Coitus interruptus	6	4	10	12	14	5,0
Andere	2	1	2	5	3	1,0

a angeglichen für zu geringe Angaben.
b aus einem 25-Prozent-Auszug der Interviews.
Quelle: Perez und Cabigon 1985, S.39.

Tabelle 56:
Anwendung verschiedener Verhütungsmethoden 1979 und 1980 nach ausgewählten Regionen (Prozentanteil wie in Tabelle 54)

Methode	Metro Manila 1979	1980	Central Luzon 1979	1980	Southern Tagalog 1979	1980	Bicol 1979	1980	Western Visayas 1979	1980	Northern Mindanao 1979	1980
Gesamt	51,3	50,2	39,2	34,6	34,8	33,6	25,5	25,9	35,0	36,6	31,0	31,2
Methode d.Familienpl.progr.	41,3	41,3	28,3	27,0	28,0	28,0	18,4	17,2	27,5	29,2	28,0	26,6
Methode nicht im Fpl.progr.	10,0	8,9	10,9	7,6	6,8	5,6	7,1	8,7	7,5	7,4	3,0	4,6
moderne Methode aus Fpl.progr	25,1	26,6	17,8	20,3	18,2	18,8	5,6	6,2	9,0	12,0	12,6	12,5
Pille	9,2	9,5	6,8	6,7	7,0	6,5	2,9	3,0	4,5	5,1	4,3	3,6
IUD	4,5	4,8	1,9	1,2	2,8	2,8	0,6	0,9	1,2	2,5	2,1	2,3
Sterilisation	10,9	12,2	9,0	12,2	8,2	9,2	2,1	2,3	3,2	4,2	5,9	6,4
Injektion	0,4	0,1	0,1	0,2	0,2	0,3	0,0	a	a	0,2	0,3	0,2
andere Methode aus Fpl.progr.	16,2	14,7	10,5	6,7	9,8	9,2	12,8	11,0	18,5	17,2	15,4	14,1
Kalendermethode	10,6	9,3	4,6	3,0	4,4	5,4	6,0	6,7	11,9	11,0	9,3	9,2
Kondom	2,1	1,3	2,3	2,4	1,9	2,6	1,7	1,2	2,1	2,0	1,3	1,6
Kombination von Methoden	3,5	4,1	3,6	1,3	3,5	1,2	5,1	3,1	4,5	4,2	4,8	3,3
Methode nicht aus Fpl.progr.	10,0	8,9	10,9	7,6	6,8	5,6	7,1	8,7	7,5	7,4	3,0	4,6
Coitus interruptus	6,5	4,8	6,4	6,7	4,7	4,0	3,8	3,9	4,4	4,2	1,7	3,2
Andere	3,5	4,1	4,5	0,9	2,1	1,6	3,3	4,8	3,1	3,2	1,3	1,4

Quelle: Perez und Cabigon 1985, S.41.

derjenigen, die effizient vor einer Schwangerschaft geschützt sind (dies waren 1978 26,4 Prozent). Während sich also die Struktur der Verhütungspraxis geändert hat, ist der Effekt insgesamt gleichgeblieben. Man kann annehmen, daß gegenwärtig ein geringer Prozentsatz der "Risikogruppe" verhütet, dafür aber mit effizienteren Methoden als im Jahr 1978.

Tabelle 57:
Schwangerschaftsrate nach Pearl und Fortführungsrate für 12 Monate nach ausgewählten Methoden 1976 bis 1980

	Pearl-Schwangerschaftsrate				Fortführungsrate			
	1976 NAS*	1978 COS+	1980 COS+	1970-71	1976 NAS[a] 1973-75	1975	COS+ 1978	1980
Methode aus Fam.pl.progr.								
Moderne Methode								
Pille	7,8	20,6	19,2	54	41	71	47	42
IUD	2,6	8,0	3,6	68	64	61	69	70
Andere Methode								
Kalendermethode	20,2	38,9	33,4	43	46	42	48	51
Kondom	21,3	48,2	60,4	23	23	18	16	10
Kombin. v. Methoden	-	23,9	21,9	-	-	-	64	67
Methode nicht aus Fam.pl.progr.								
Coitus interruptus	-	39,6	43,7	-	-	-	41	43
Enthaltsamkeit	-	16,5	16,7[b]	-	-	-	9	13

a nicht vorhanden.
b relativ unverläßlich.
+COS = Community Outreach Survey
*NAS = National Acceptors Survey
Quelle: Perez und Cabigon 1985, S.43.

6.2.2 Zur Charakteristik nicht bzw. nicht mehr verhütender Frauen und den Gründen für das Absetzen einer Verhütungsmethode

Um zukünftige Maßnahmen zur Förderung der Familienplanung konzipieren zu können, ist die bevölkerungspolitische Planung auf eine genaue Kenntnis jener Frauen, die nicht verhüten, angewiesen. Diese Zielgruppe zukünftiger Familienplanungsprogramme umfaßt sowohl die Gruppe jener Frauen, die noch nie Empfängnisverhütung betrieben haben, als auch die Gruppe jener, die eine Methode einige Zeit angewandt und dann wieder abgesetzt haben.

Effektivität der Familienplanung   133

Tabelle 58:
Praktizierte bzw. nicht praktizierte Empfängnisverhütung jemals verheirateter Frauen nach Alter, Fruchtbarkeit und Ehestand 1978 (RPFS)

	jem.vh.Frauen				gegenwärtig verheiratete Frauen		
Alter	absolut	%	gegw.nicht verh.	unfrucht- bar	nie verhütet	abgesetzt	verhüt. gegw.
15-19	276	100,0	(1,09)	(0,36)	72,46	(10,14)	(15,95)
20-24	1222	100,0	(2,37)	(0,25)	46,56	22,34	28,48
25-29	1775	100,0	2,99	(0,79)	32,11	26,14	37,97
30-34	1711	100,0	(2,80)	(1,52)	30,63	23,03	42,02
35-39	1673	100,0	4,36	4,07	28,93	19,13	43,51
40-44	1410	100,0	5,95	17,94	28,30	13,48	34,33
45-49	1201	100,0	9,57	50,46	18,57	5,58	15,82
Total	9268	100,0	4,37	10,48	32,03	18,73	34,39

( ) unter 50 Fälle.
Quelle: Cabigon 1984, S.155.

Tabelle 59:
Gründe für das Absetzen der letzten Verhütungsmethode nach dem Alter der Frau 1978 (RPFS)

Schwanger- schafts- risiko	ab- solut	relativ (%)	kein Bedarf	Neben- effek.	Angst bezügl. Methode	Einwand d.Ehe- manns	ungewollte Schwanger- schaft	ande- re
schwanger	623	100,0	-	18,9	(2,4)	15,3	39,8	23,6
< 25	147	100,0	-	(19,0)	(2,0)	(18,4)	36,1	(24,5)
25 - 34	339	100,0	-	17,7	(2,6)	(13,6)	38,3	27,8
35 - 44	136	100,0	-	(22,0)	(2,2)	16,2	47,1	(12,5)
45 +	1	100,0	-	-	-	(100,0)	-	-
gegenwärtig nicht schwanger	1114	100,0	(6,8)	29,0	5,5	17,9	17,5	23,3
< 25	154	100,0	(3,2)	(21,4)	(4,5)	(22,2)	(16,2)	32,5
25 - 35	521	100,0	(5,9)	28,2	(4,6)	18,0	19,3	24,0
35 - 44	373	100,0	(6,4)	34,0	(6,3)	17,1	16,4	19,8
45 +	66	100,0	(25,8)	24,2	9,1	(12,1)	(10,6)	18,2

( ) unter 50 Fälle.
Quelle: Cabigon 1984, S.156.

6.3 Zur Evaluierung der Effektivität der Familienplanungsprogramme innerhalb des gesamtgesellschaftlichen Zusammenhangs

Angesichts der Komplexität der Mechanismen, die Veränderungen im demoökonomischen System verursachen, ist eine Analyse der Effektivität der Familienplanungsprogramme eigentlich nur unter Berücksichtigung der Systemzusammenhänge sinnvoll. Verschiedene Untersuchungen haben sich bereits auf internationaler Ebene mit der Bewertung der Bedeutung sozio-ökonomischer Determinanten auf der einen Seite und der gezielten Familienplanung auf der anderen Seite für die Fertilitätsentwicklung beschäftigt. Vielfach wurde darauf hingewiesen, daß Familienplanungsprogramme auch in wenig entwickelten Regionen wirksam sein können, da sie einen von anderen Faktoren unabhängigen Effekt auf das generative Verhalten ausüben.

Die "selbständige" Wirksamkeit praktizierter Empfängnisverhütung steht nun außer Frage; inwieweit die Bereitschaft dazu jedoch von der Intensität der Familienplanungsprogramme abhängt, ist nicht vollständig geklärt. Betrachtet man die Auswirkungen der praktizierten Familienplanung auf die Fertilität, so erweist sich ihr Einfluß logischerweise als maßgeblich für das erreichte Fertilitätsniveau. In der multiplen Klassifikationsanalyse des Effekts verschiedener Merkmale wie Region, Schichtzugehörigkeit (nach Wohnsitzklasse), Schulbildung und Art der Berufstätigkeit der Ehefrau sowie der Verhütungspraxis erwiesen sich das Bildungsniveau und die Empfängnisverhütung als dominante Fertilitätsdeterminanten (Hackenberg und Magalit 1985, S.197-216).[36] Relativ unbeeinflußt von den übrigen sozio-ökonomischen Umständen ergibt sich demnach eine Fertilitätsreduzierung mit steigendem Bildungsgrad der Frau und dem Einsatz von Verhütungsmitteln.

Die Evaluierung des Effektes der Familienplanung allein anhand der Auswirkungen der Empfängnisverhütung auf die Fertilität ist allerdings trügerisch, sagt sie doch nichts über die Bedingungen zur Akzeptanz und effektiven Anwendung von Verhütungsmaßnahmen aus. Zur Erfassung der Systemzusammenhänge muß dieser Aspekt aber auch berücksichtigt werden. Ansätze zur Klärung des Stellenwertes des sozio-ökonomischen Entwicklungsstandes und der gezielten Förderung von Familienplanungsaktivitäten im Prozeß der Fertilitätsveränderung finden sich bei Engrazia et al. (1984) nach Daten aus dem RPFS 1978. Für den ruralen Bereich wird hier untersucht, inwieweit sich die Erreichbarkeit von Familienplanungskliniken und der sozio-ökonomische Entwicklungsstand einer Gemeinde auf die Verwendung bestimmter Verhütungsmethoden und auf die Anzahl der jemals geborenen Kinder auswirken.[37]

Das Ausmaß, in dem Empfängnisverhütung betrieben wird, steigt - wie zu erwarten - mit der Nähe einer Familienplanungsklinik - vor allem bei modernen Methoden. Differenziert man nun dieselbe Gruppe von Frauen auch nach dem

"Modernisierungsgrad" ihrer Gemeinde, so zeigt sich eine noch stärkere Varianz in der Verhütungspraktik, besonders wenn man auch die Effizienz der verwendeten Methoden berücksichtigt. Etwa die Hälfte aller Frauen in hochentwickelten Gemeinden setzten moderne Verhütungsmethoden ein, während sich Frauen in gering entwickelten Gemeinden zum Großteil auf traditionelle Praktiken verließen.

Wie sich gezeigt hat, bestimmen also sowohl die Nähe einer Familienplanungsklinik als auch der Entwicklungsstand der jeweiligen Gemeinde das Ausmaß, in dem effiziente Empfängnisverhütung betrieben wird. Der positive Effekt, den ein hoher sozio-ökonomischer Entwicklungsgrad an und für sich bereits ausübt, wird noch verstärkt durch die bisherige politische Planung, die Familienplanungskliniken bevorzugt in progressiven Regionen ansiedelte.

Geht man von der Betrachtung des generativen Verhaltens bzw. der Verhütungspraxis zum tatsächlichen Fertilitätsniveau über, so zeigt sich die größere Relevanz sozio-ökonomischer Faktoren. Insgesamt gaben mehr als 70 Prozent der interviewten Frauen im ruralen Raum an, innerhalb der letzten fünf Jahre vor dem RPFS 78 ein Kind geboren zu haben. Jede zwölfte Frau hat in dieser Periode sogar drei oder mehr Kinder bekommen. Die Entfernung von einer Familienplanungsklinik spielte dabei bezüglich der ersten zwei Geburten keine Rolle, erst ab drei oder mehr Kindern machte sich ein Effekt dieses Faktors bemerkbar. In großer Entfernung von der nächsten Familienplanungsklinik findet man weniger kinderlose Frauen und mehr, die über drei Kinder haben.

Nach dem sozio-ökonomischen Entwicklungsstand zeigt sich ein noch größerer Gradient in der Anzahl der jemals geborenen Kinder. In hochentwickelten Gemeinden bekam eine größere Anzahl von Frauen in der genannten Periode kein Kind und ein geringerer Anteil drei und mehr Kinder als in mittel und wenig entwickelten Regionen. Die niedrigste Kinderzahl wiesen allerdings Frauen im urbanen Raum auf, sie haben auch weniger Kinder geboren als Frauen in hochentwickelten ländlichen Gebieten. Urbanisierung und sozio-ökonomischer Entwicklungsstand dürften demzufolge einen größeren Einfluß auf die Fertilitätsentwicklung ausüben als die Familienplanungsprogramme.

Dies geht auch aus der multiplen Klassifikationsanalyse verschiedener Fertilitätsdeterminanten hervor. Die Anwendung von Verhütungsmitteln ist nun auf den Philippinen vorrangig ein altersspezifisches Phänomen, doch auch die Entfernung von einer Familienplanungsklinik wirkt sich auf die Verhütungspraxis aus. Frauen, die eine entsprechende Klinik in ihrer Wohngemeinde haben, betreiben häufiger Empfängnisverhütung als solche, die mindestens drei Kilometer davon entfernt leben. Geringere Distanzen zur nächsten Familienplanungsklinik (unter 3 km) beeinflussen die Anwendung von Verhütungsmethoden in mittel

Tabelle 60:
Anwendung verschiedener Verhütungsmethoden nach Erreichbarkeit einer Familienplanungsklinik und Entwicklungsstand der Gemeinde 1978 (RPFS) (prozentualer Anteil der jemals verheirateten Frauen[a])

	Frauen d.nicht verhüt.	Verhütungsmethode						
		Alle Meth.	Pille	Kondom	Spirale	Kal.-meth.	Coitus interr.	Sterilisat.[b]	Andere
Rural	57,6	42,4	4,6	2,1	4,1	10,7	12,4	5,1	3,4
Erreichbarkeit der Fam.planungsklinik									
innerh.d.Gem.	48,5	51,5	6,6	3,4	5,1	11,6	12,7	8,9	3,1
in der Nähe	52,6	47,3	5,7	2,3	5,7	13,5	14,0	4,0	2,1
weit entfernt	64,5	35,5	3,2	1,4	2,7	8,6	11,4	4,1	4,2
Entwicklungsgrad der Gemeinde									
hoch	35,4	64,6	8,9	5,7	6,3	15,8	10,8	13,3	3,8
mittel	49,5	50,5	7,0	3,2	4,7	9,1	16,7	7,3	2,5
niedrig	62,2	37,8	3,5	1,5	3,7	10,9	10,9	3,8	3,5
Urban	40,3	59,7	8,0	4,5	5,6	12,2	12,6	10,0	6,8

a nur Frauen unter "Schwangerschaftsrisiko".
b männliche und weibliche Sterilisation.
Quelle: Engracia, Mortel und Nartatez 1984, S.183.

Tabelle 61:
Anzahl der jemals geborenen Kinder nach Entfernung einer Familienplanungsklinik und Entwicklungsstand der Gemeinde 1978 (RPFS) (prozentualer Anteil der Frauen in der jeweiligen Gruppe)

	gesamt	Anzahl der Kinder in den letzten fünf Jahren			
		0	1	2	3+
Rural	100,0	28,1	30,5	29,5	11,8
Erreichbarkeit der Fam.planungsklinik					
innerhalb der Gemeinde	100,0	29,3	30,1	29,9	10,7
in der Nähe	100,0	30,0	31,0	28,7	10,7
weit entfernt	100,0	26,5	30,5	29,9	13,1
Entwicklungsgrad der Gemeinde					
hoch	100,0	34,0	29,8	28,9	7,2
mittel	100,0	29,5	32,4	26,1	11,9
niedrig	100,0	37,6	31,2	23,0	8,2
Urban	100,0	37,6	31,2	23,0	8,2

Quelle: Engracia, Mortel und Nartatez 1984, S.184.

Effektivität der Familienplanung 137

und wenig entwickelten Gemeinden nicht. In hochentwickelten Gemeinden hingegen zeigt sich eine fast doppelt so hohe Verhütungsrate, wenn eine Klinik innerhalb der Gemeinde liegt, als wenn sie sich in einiger Entfernung davon befindet. Dies läßt erkennen, daß Familienplanungsprogramme vor allem unter guten sozio-ökonomischen Bedingungen Erfolge erzielen, bei geringem Entwicklungsstand dürften hingegen andere Faktoren ausschlaggebend sein.

Derselbe Zusammenhang zeigt sich auch in der multiplen Klassifikationsanalyse für die gegenwärtige Fertilität (= innerhalb der letzten fünf Jahre vor dem RPFS 78). Neben dem allgemeinen Entwicklungsgrad der Gemeinde wurden in dieser

Tabelle 62:
Multiple Klassifikationsanalyse der Effekte auf die Anzahl der jemals geborenen Kinder 1978 (RPFS) (zweiseitige Interaktion der Faktoren)

Variable	Anzahl	rohe Effekte	bereinig.Effekte (Variablen)	bereinigte Effekte (Variab.u.Kovariant.)
Mittelwert	1,26			
Bildung Ehefrau				
Elementarschule	2196	0,02	0,01	0,01
Highschool	2125	0,01	0,00	0,02
College	300	- 0,21	- 0,14	- 0,08
Bildung Ehemann				
Elementarschule	1906	0,01	- 0,01	- 0,01
Highschool	2408	0,01	0,00	0,01
College	307	- 0,15	0,05	0,00
Beruf Ehemann				
White collar	395	- 0,24	- 0,20	- 0,13
Landwirtschaft	3104	0,03	0,01	0,02
Blue collar	1122	0,01	0,04	0,00
Entwickl.st./Gemeinde				
niedrig	3185	0,03	0,02	0,01
mittel	1201	- 0,04	- 0,03	- 0,01
hoch	235	- 0,16	- 0,12	- 0,12
Erreichbark. Fam.planung				
innerhalb d.Gem.	1012	- 0,03	0,01	0,01
in der Nähe	1326	- 0,06	- 0,06	- 0,04
weit entfernt	2283	0,05	0,03	0,02
R^2				0,177

Quelle: Engracia, Mortel und Nartatez 1984, S.187.

auch individuelle sozio-ökonomische Merkmale der Interviewten als unabhängige Variablen berücksichtigt, das gegenwärtige Alter der Frau und die Anzahl der Geburten vor der Befragungsperiode wurden als Kovarianten miteinbezogen. Als bedeutendste Fertilitätsdeterminanten gingen aus dieser Analyse der Bildungsgrad der Frau und der Beruf ihres Ehemannes hervor, auch der sozio-ökonomische Entwicklungsstand der Gemeinde übte merklichen Einfluß aus. Die Entfernung von einer Familienplanungsklinik erwies sich als weniger ausschlaggebend; unter Berücksichtigung weiterer Fertilitätsdeterminanten verschwand ihr Einfluß nahezu gänzlich.

Zusammenfassend ergibt sich also, daß Frauen mit leichtem Zugang zu Familienplanungskliniken zwar häufiger Verhütungsmethoden anwenden, noch wesentlicher hängt die Anwendung empfängnisverhütender Methoden (vor allem effizienter moderner Methoden) aber mit dem sozio-ökonomischen Entwicklungsstand zusammen. Die "gegenwärtige" Fertilität wird sogar hauptsächlich von sozio-ökonomischen Faktoren bestimmt, wobei individuelle Merkmale noch vor dem Entwicklungsniveau der Gemeinde rangieren.

Eine Schwäche der vorgestellten Studie mag nun sein, daß der Effekt der Familienplanungsprogramme allein an der Nähe einer Familienplanungsklinik gemessen wird. Der Einsatz mobiler Familienberater ("outreach workers") erfolgte aber erst über eine so kurze Periode, daß ihr Erfolg kaum eruiert werden kann. Er dürfte bisher hauptsächlich auf dem Gebiet der Information und Einstellungsänderung der Bevölkerung liegen. Dort wo effiziente Verhütungsmethoden eingesetzt wurden, standen meist medizinisches Personal (Arzt, Krankenschwester, Hebamme) als Berater zur Seite und nicht "outreach workers" oder das Personal lokaler Familienplanungsstellen ("barangay supply points").

Insgesamt muß man also feststellen, daß effiziente Empfängnisverhütung eher in hochentwickelten Regionen betrieben wird als in wenig entwickelten, und daß Familienplanungsprogramme in besser entwickelten Gemeinden größere Erfolge erzielen. Die Anzahl der geborenen Kinder innerhalb der Untersuchungsperiode variiert nach dem Entwicklungsstand der Gemeinden stärker als nach der Erreichbarkeit von Familienplanungskliniken. Dies illustriert, daß langjährige gezielte Empfängnisverhütung mit effizienten Methoden an einen gewissen Entwicklungsstand gebunden ist.

Neben den sozio-ökonomischen Rahmenbedingungen kommt noch anderen Faktoren bedeutender Einfluß auf die Verbreitung der Empfängnisverhütung zu. Die grundsätzlich pronatalistische Einstellung der philippinischen Gesellschaft darf in ihrer Auswirkung auf das Reproduktionsverhalten nicht unterschätzt werden. Auch erleichtert die gängige Sexualmoral die Anwendung von Verhütungsmethoden nicht gerade; verhütende Frauen stehen nicht selten unter dem Verdacht der Promiskuität und Prostitution.

Im übrigen hat auch die Arbeitsweise mancher Familienplanungsberater zum schlechten Image der Empfängnisverhütung beigetragen. Obwohl das Regierungsprogramm Entscheidungsfreiheit bezüglich der angewandten Methode garantiert, wird vom Beratungspersonal, das unter einem gewissen Erfolgsdruck steht, oft einseitige Information zugunsten moderner, effizienter Methoden betrieben. Dies wird mit der Entscheidungsunmündigkeit ungebildeter Klienten legitimiert:

> Since the client does not have the training to make him capable of determining what is best for him, we can help him by emphasizing the more effective methods. He should enjoy the privilege of being helped by those who know more about familiy planning. (Zitat nach Warwick 1982, S.149)

Gerade bei Methoden wie der Sterilisation und der Spirale bestehen besonders hohe Einstiegsbarrieren; traditionelle Methoden werden eher akzeptiert und sollten daher nicht vernachlässigt werden. Die Schwierigkeiten bei der Verbreitung "kulturfremder" Methoden können am anschaulichsten am Beispiel der männlichen Sterilisation verdeutlicht werden. In einigen philippinischen Sprachen gibt es keinen Ausdruck für diese bisher unbekannte Praktik. Das einzige Wort, das diesem Begriff nahekommt, ist jenes, das auch für die Kastration bei Tieren verwendet wird. Familienplanungsberater sind daher auf komplizierte Umschreibungen angewiesen, die oft Verwirrung stiften. Bei der Propagierung der Spirale und der Pille werden genaue Wirkungsweise und mögliche Nebenwirkungen häufig verschwiegen, was zu einer Reihe falscher Vorstellungen über diese Verhütungsmethoden führt. Insgesamt ist die Empfängnisverhütung von einer Aura der Ungewißheit umgeben. Die Tatsache, daß medizinische Nachbetreuung kaum ernstgenommen wird und auch fragwürdige Produkte zum Einsatz gelangen, erschwert die Akzeptanz der Familienplanung mittels moderner Methoden.

7 Zur Konzeption der Bevölkerungspolitik innerhalb der Entwicklungspolitik - Spezielle Probleme bei der Umsetzung bevölkerungspolitischer Ziele auf den Philippinen

Nach einer möglichst weitgefaßten Definition kann man Bevölkerungspolitik als eine bewußte Reaktion auf ein Bevölkerungsproblem auffassen (vgl. Hauser 1974, S.468). Richtungweisend für die jeweils eingesetzte bevölkerungspolitische Strategie ist dabei die Dringlichkeit des ins Auge gefaßten Bevölkerungsproblems. Der Erfolg der politischen Maßnahmen hängt schließlich wesentlich von der Wahrnehmung dieses Problems auf der Makroebene (Staat) und der Mikroebene (Privathaushalte, Familien) ab. In den seltensten Fällen entsteht auf diesen beiden Ebenen ein identisches Bild von den strukturellen Schwachpunkten der Wirtschafts-, Sozial- und Bevölkerungsentwicklung eines Landes und den daraus resultierenden Schwierigkeiten.

Die Bevölkerungspolitik auf den Philippinen räumte der Fertilitätsreduktion lange eine Vorrangstellung innerhalb der bevölkerungspolitischen Planung ein. Deren eigentliches Ziel, die Hebung des Lebensstandards möglichst aller Bevölkerungskreise und der Ausgleich sozio-ökonomischer Disparitäten, wurde in Abhängigkeit von der zukünftigen Bevölkerungsentwicklung gesehen:

> The ultimate goal of the population program is to help improve overall welfare of the family and the society. This can only be attained if the level of population growth is reconciled with the country's national development goals. (Jamias 1985, S.9)

Diese Auffassung herrscht jedoch auf der Mikroebene keineswegs vor. Ganz im Gegenteil - hier hat man oft das Gefühl:

> Though there are areas where population is a problem, should birth control be the solution when we are convinced that there are many areas in the country which are underdeveloped, with good arable lands for agriculture? (Warwick 1982, S.157)

In derartigen Äußerungen reflektiert sich nicht nur eine gewisse politische Unzufriedenheit, sondern extremes Mißtrauen gegenüber der staatlichen Entwicklungspolitik. Bevölkerungsgruppen, die bisher wenig bis gar nicht von den wirtschaftlichen und sozialen Errungenschaften des Landes profitiert haben, sehen in der Familienplanung wenig Positives. Häufig wird sie im Zusammenhang mit dem Verlust der philippinischen Identität, der Ausbreitung des amerikanischen Kapitalismus und dem Devisenbedarf des Landes gesehen. Nicht selten ist man auch der Auffassung, daß die Familienplanungsbestrebungen sich direkt gegen das Volk wenden, indem sie als Mittel zur Beruhigung politischer Unruhen eingesetzt werden. Viele meinen in diesem Zusammenhang, daß Entwicklung vor der Familienplanung kommen müsse, nicht umgekehrt.

Dies alles ist nur zu verständlich, wenn man bedenkt, daß eine Beschränkung der Kinderzahl selten unmittelbare sozio-ökonomische Vorteile für den einzelnen bringt. Durch ein Kind mehr oder weniger fühlt man sich in der philippinischen Gesellschaft nicht nennenswert be- oder entlastet. Zudem kommt es im Zuge der Familienplanungsbestrebungen oft zur Vernachlässigung anderer, wichtigerer Bereiche. So findet man z.b. in ländlichen Gesundheitszentren oft Versorgungsengpässe mit Medikamenten zur Behandlung lebensbedrohender Infektionskrankheiten der Atemwege und des Magen-Darmtraktes, jedoch einen Überfluß an Verhütungsmitteln. Die Festlegung der Prioritäten im Gesundheitssektor scheint also eher fragwürdig. Es soll auch schon vorgekommen sein, daß eine Mutter, die Vitaminpillen für ihr Kind wollte, die Klinik mit einer Packung Kondome verließ. "Gesundheitsvorsorge" wird somit zum Paradoxon, was die Einstellung des Volkes sicher nicht positiv beeinflußt (Warwick 1984, S.169). Auch muß man berücksichtigen, daß in einer Gesellschaft, in der Krankheiten aufgrund hoher, vom Patienten zu tragender Behandlungskosten eine enorme Existenzbedrohung darstellen, die Bereitschaft, ein zusätzliches Gesundheitsrisiko (das noch dazu schwer einzuschätzen ist) auf sich zu nehmen, gering ist.

Doch auch wenn die grundsätzliche Einstellung zur Familienplanung positiv ist, bedeutet dies noch lange nicht, daß diese über einen längeren Zeitraum mit effizienten Methoden betrieben wird. Wie sich erwiesen hat, stimmen die als ideal angesehene Familiengröße, die individuell angestrebte und die tatsächlich erreichte Familiengröße kaum überein. Offensichtlich unterliegen demographische Entscheidungen vielfältigen Einflüssen, die eine rationale Vorausplanung der Kinderzahl extrem erschweren.

Wie die vorliegende Analyse gezeigt hat, wirken sich jedoch sozio-ökonomische Faktoren merklich auf das generative Verhalten aus. Vor allem das steigende Bildungsniveau (insbesondere der Frau) hat entschieden zur Änderung der Präferenzen bezüglich der gewünschten Kinderzahl und zum Sinken der tatsächlichen Fertilität beigetragen. Längere Schulbildung kann jedoch nur dort ins Auge gefaßt werden, wo die elementarsten Bedürfnisse befriedigt sind; sie setzt also einen relativ hohen Lebensstandard voraus.

Diese Erkenntnis soll jedoch nicht zur simplen Gegenüberstellung zweier Alternativen: "Familienplanung" oder "Entwicklung" führen. Vielmehr stellt sich die Frage, in welchem Rahmen bevölkerungspolitische Maßnahmen sinnvoll gesetzt werden können, welche Bedingungen zu ihrem Erfolg beitragen. Die philippinische Familienplanungspolitik war lange Zeit - wie die gesamte Entwicklungspolitik des Landes - einseitig ausgerichtet. Ihr nach einer anfänglichen Erfolgsphase mäßiger Effekt auf die Fertilitätsentwicklung dürfte vor allem aus der regional unausgewogenen Konzeption der Programme und der mangelnden Integration der Bevölkerungspolitik in die übrige Entwicklungspolitik resultieren. Die Konzentration auf organisatorisch-technische und informationstechnische Aspekte der Familienplanung hat sich als unzulänglich erwiesen. Andere Komponenten müssen berücksichtigt werden, will man eine stärkere Motivation zur Fertilitätsbeschränkung erreichen. In diesem Sinne bemerkt auch Concepcion (1984):

> Making women aware of the possible options open to them is insufficient. Policy-makers should make realistic alternatives available to all women and offer appropriate inducements to render such alternatives attractive enough for women to foresake motherhood for a time. (Concepcion 1984, S.221)

Die Bevölkerungspolitik mit dem Ziel der Fertilitätsreduktion endet also nicht mit der direkten Förderung von Familienplanungsaktivitäten. Sie muß sich auch auf andere Bereiche erstrecken. Die Verbesserung der Bildungschancen der Frau, ihre Situation auf dem Arbeitsmarkt, die allgemeine Hebung des Lebensstandards der Bevölkerung und der Abbau von Disparitäten führen nun sicherlich nicht per se zum Rückgang des Bevölkerungswachstums. Im Zusammenhang mit einem gut durchdachten Familienplanungsprogramm tragen günstige sozioökonomische Lebensbedingungen jedoch mit Sicherheit zur Fertilitätsreduktion bei.

Letztendlich kann nicht oft genug betont werden, daß Familienplanungsprogramme genauestens auf ihren Beitrag zum allgemeinen Wohl der Bevölkerung geprüft werden müssen. Die Bereitstellung von Kontrazeptiva und die Beratung bezüglich der einzelnen Methoden muß dabei einzig unter dem Aspekt ihrer gesundheitlichen Verträglichkeit und nicht unter jenem einer fragwürdigen Effektivität erfolgen.

Fundierte Information sollte überdies jeder Frau die Möglichkeit geben, zwischen vertretbaren Alternativen zu wählen. Auf diese Weise wird die Familienplanung schließlich die allgemeinen Entwicklungsbestrebungen des Landes erleichtern. Sie sollte nicht nur als Mittel zum Zweck, nämlich der Geburtenreduzierung, betrachtet werden, sondern als Bestandteil einer umfassenden Entwicklungspolitik, denn um mit Huxley zu sprechen:

> The end cannot justify the means, for the simple and obvious reason that the means employed determine the nature of the ends produced. (Huxley 1937, Zitat nach Warwick 1984, S.191)

Anmerkungen

1) Verschiedene Theorien zum Thema Bevölkerungswachstum und Entwicklung werden bei Hauser 1982, S.299 ff. diskutiert.
2) Eine erschöpfende Diskussion dieser Problematik findet sich im Artikel von Pante 1985, in: *Philippine Population Journal 1985*, Vol.1/No.2, S.94-106.
3) Die Vergleichbarkeit der Zensen 1970 und 1980 ist zusätzlich eingeschränkt, da es sich bei den Daten von 1970 um eine hundertprozentige Erfassung der Umfrageantworten handelt, 1980 jedoch nur eine 20%-Auswahl der gesamelten Daten publiziert wurde.
4) Domingo, Flieger und Madigan 1983 unternahmen eine Vorauswertung des NDS 1983, die sich auf eine 25%-Auswahl der Erhebungsergebnisse stützt. Es handelt sich hierbei um eine deskriptive Analyse des aktuellen Zustandes, differenziert nach den drei Hauptinselgruppen.
5) Die Regionen und Provinzen, die im AFS 1978 erfaßt wurden, sind folgende:

Region		Provinz	Bevölkerung 1975
III	Central Luzon		4.340.741
		Bataan	
		Bulacan	
		N. Ecija	
		Pampanga	
		Tarlac	
		Zambales	
VI	Western Visayas		4.146.390
		Aklan	
		Antique	
		Capiz	
		Iloilo	
		Negros Occidental	
X	Northern Mindanao		2.314.205
		Augusan del Norte	
		Augusan del Sur	
		Bukidnon	
		Camiquin	
		Misamis Occidental	
		Misamis Oriental	
		Surigao del Norte	
XI	Southern Mindanao		2.714.558
		Davao del Norte	
		Davao del Sur	
		Davao Oriental	
		South Cotabato	
		Surigao del Sur	

Anmerkungen

XIII	Metropolitan Manila	5.233.593
	TOTAL SURVEY POPULATION	18.749.487

Quelle: Hackenberg und Magalit 1985, S.14.

6) Zur Methode der Heranziehung der regional bestimmten Daten des AFS 1978 für Interpretationen auf nationaler Ebene vgl.: Hackenberg und Magalit 1985, S.17/18.

7) Die Studie "Indirect Estimates of Fertility for Small Geographic Areas in the Philippines" wurde im Jahr 1985 von der UN-ESCAP publiziert. Sie stellt sowohl bezüglich einiger Meßgrößen zur Fertilität als auch bezüglich anderer demographischer Daten eine Ergänzung zu den Zensen und den übrigen bevölkerungsstatistischen Veröffentlichungen dar.

8) Die regionale Vergleichbarkeit im zeitlichen Verlauf ist durch folgende Veränderung der Grenzziehung ab dem Jahr 1970 beeinträchtigt:
- Die Provinz Pangasinan (7) gehörte bis zum Jahr 1970 zur Region Central Luzon und fiel danach zur Region Ilocos.
- Die Provinz Surigao del Sur (68) kam erst zwischen 1970 und 1975 zur Region Southern Mindanao.
- Die Region Central Mindanao existierte vor 1975 noch nicht als eigene Region, sondern ihre heutigen Provinzen gehörten damals teils zu Northern teils zu Southern Mindanao.

Soweit möglich wurde diesen Änderungen der Erhebungseinheiten durch Datenangleichung Rechnung getragen, andernfalls wird gesondert auf die Abweichungen hingewiesen.

9) Industrieländer: europäische Staaten inklusive UdSSR, USA, Kanada, Japan, Australien, Neuseeland. Entwicklungsländer: alle übrigen Staaten (nach der Klassifikation der UNO, Department of International Economic and Social Affairs).

10) Es handelt sich hierbei um Projektionen, die auf der Alters- und Geschlechtsstruktur von 1980 basieren und die eine überregional einheitliche Nettoreproduktionsrate für das Jahr 2010 annehmen. Der Ausgleich regionaler Schwankungen in der natürlichen Zuwachsrate der Bevölkerung soll durch die bevölkerungspolitische Beeinflussung der Geburten- und der Sterberate erfolgen.

11) Zum Zusammenhang zwischen Alters- und Geschlechtsstruktur und den übrigen demographischen Variablen vgl. Hauser 1982, S.155-160.

12) Für einen tieferen Einblick in die altersspezifischen Migrationsströme siehe: *Population of the Philippines*, UN-ESCAP 1978, S.32 ff.

13) Zur Theorie der Demographischen Transformation und ihrer Kritik siehe Kap. 4.4.1 sowie Hauser 1982, S.234-240.

14) Eine detaillierte Diskussion der Child Survival Hypothesis und ihrer Kritik findet sich bei Taylor et al. 1976, S.263 ff.
15) Vergleicht man die vom NCSO Philippines im Statistical Yearbook 1986 veröffentlichten Werte mit den Schätzwerten der UNO (Indirect Estimates of Fertility, UNO-ESCAP 1985), so ergibt sich ein viel geringerer Mortalitätsrückgang nach der UNO-Studie. Allgemein kann angenommen werden, daß die philippinischen Publikationen zu etwas optimistischeren Prognosen und Schätzungen tendieren. Schwierigkeiten in der exakten Erfassung der Geburten und der Todesfälle tragen außerdem zu Datenungenauigkeiten bei. Generell stellen jährliche Jahrbücher wie das Statistical Yearbook 1986 nur sehr unzuverlässige Datenquellen dar. Es wurde hier jedoch zur Veranschaulichung der zeitlichen Veränderung seit 1950 herangezogen, da es für diesen Zeitraum die einzige Datenaufbereitung auf regionaler Basis darstellt.
16) Während der Stillperiode kann eine Frau aufgrund biologischer Vorgänge nicht empfangen.
17) Eine ausführliche Darstellung der von Caldwell entwickelten Theorie findet sich bei Hauser 1982, S.240-246.
18) CBR = Anzahl der im jeweiligen Kalenderjahr Lebendgeborenen bezogen auf 1000 der Bevölkerung zur Jahresmitte (für den Zensus 1980 wäre das die Bevölkerung im Mai 1980).

CDR = Anzahl der im jeweiligen Kalenderjahr Verstorbenen bezogen auf 1000 der Bevölkerung zur Jahresmitte.
19) Der von Concepcion (1985) für 1980 ermittelte Wert von 33,6 Promille für die rohe Geburtenrate fügt sich in dieses Bild, wenn man einerseits die unterschiedlichen Erhebungsmethoden für die Geburtenstatistiken (auf der die CBR-Schätzungen basieren) und die Zensen (aus dessen Datenmaterial für 1980 die Berechnung der indirekten Geburtenrate stammt) berücksichtigt, andererseits die erheblichen Ungenauigkeiten, die sich bei der Registrierung der Geburten und der Erfassung der Säuglinge bis zum Alter von einem Jahr ergeben, bedenkt. Vor allem im ländlichen Raum werden viele Geburten nicht oder erst sehr verspätet gemeldet, das Alter der Kinder hingegen wird meist nicht exakt angegeben.
20) Zum Begriff Kohorte vgl. Hauser 1982, S.46.
21) Zur TFR und ihrer Interpretation vgl. Hauser 1982, S.124-126, 162.
22) Allgemein wird angenommen, daß die durchschnittliche Anzahl von zwei Kindern pro Familie ausreicht, um in einer Bevölkerung das Ersatzfruchtbarkeitsniveau zu erreichen; vgl. dazu auch Hauser 1982, S.208.
23) Reles Methode basiert auf der Entdeckung, daß bei einem bestimmten Mortalitätsniveau ein linearer Zusammenhang zwischen der Frauen/Kinder-Rate und der Bruttoproduktionsrate besteht. Dieses Verhältnis kann durch folgende Formel ausgedrückt werden:

$GRR = a_n + b_n \times CWR \dashrightarrow TFR = 2{,}05 \times GRR = 2{,}05 \, (a_n + b_n \times CWR)$
Die Abkürzungen lauten dabei: GRR = gross reproduction rate, dt.: Bruttoreproduktionsrate, CWR = child/woman ratio, dt.: Kinder/Frauen-Rate, n = Indikator des Mortalitätsniveaus der Bevökerung, a, b = Regressionskoeffizienten, die einem bestimmten Mortalitätsniveau entsprechen.
Aus dieser Formel läßt sich nach weiterer Ableitung der TFR-Wert ermitteln. Er gilt jedoch nur für eine hypothetisch stabile Bevölkerung.

24) Die Schätzung nach Bogue-Palmore basiert auf den von ihm entwickelten Regressionskoeffizienten, die aus den empirischen Daten einer Reihe von Ländern gewonnen wurden. Die Formel weist Ähnlichkeiten mit Reles Ableitung auf, zwei Variablen wurden jedoch hinzugefügt. Nach den neuesten Daten ergab sich für die Studie von 1980:

$TFR = 12{,}0405 + 13{,}5277 \, (IMR) + 11{,}1042 \, (CWR)$
$\quad - 176{,}4889 \, (CP) - 6{,}4698 \, (PEM)$

IMR = Rate der Kindersterblichkeit, CWR = Kinder/Frauen-Rate (= Kinder im Alter von 0 bis 4 Jahren zu Frauen im Alter von 15 bis 49 Jahren), CP = Prozentsatz der Bevölkerung im Alter von 0 bis 4 Jahren, PEM = Anteil der Frauen im Alter von 20 bis 24 Jahren, die jemals verheiratet waren.
Die Kinder/Frauen-Rate findet sich im Anhang. Für eine genaue Erklärung der Schätzungsmethode empfiehlt sich die Lektüre der UNO-Studie (Indirect Estimates of Fertility for Small Geographic Areas of the Philippines, UN-ESCAP 1985, S.3-5).

25) Der NDS 73 wurde in der Periode 1968 bis 1973 erstellt und gibt daher Daten für etwa 1970.

26) Insgesamt wurde der AFS in einzelnen einjährigen Durchgängen in den Jahren 1977 bis 1980 durchgeführt.

27) Die "Iglesia ni Kristo" ist ein philippinischer Zweig der christlichen Kirche, eigentlich eine Sekte, sie wurde 1916 gegründet.

28) Die von Hackenberg und Magalit verwendete Definition umfaßt als "urban", größere Städte wie Davao und Iloilo. Als "semi-urban" werden hingegen kleinere Städte, sogenannte "poblaciones" und administrative Gemeindezentren klassifiziert.

29) Die letzte Einkommensklasse umfaßt mit 500 Pesos die höchsten Einkommen nicht, aufgrund des geringen Anteils derartiger Höchsteinkommensbezieher ergeben sich keine nennenswerten Abweichungen.

30) Unter dem Urbanisierungsgrad versteht man den Anteil der städtischen Bevölkerung an der Gesamtbevölkerung.

31) Die Zensusdefinition 1970 und 1980 für den urbanen Raum umfaßt:
 - Städte und Gemeindezentren mit einer Einwohnerdichte von mindestens 1.000 Personen pro Quadratkilometer.
 - "Poblaciones" oder die zentralen Bezirke von Gemeinden und Städtegebiete mit mindestens 500 Personen pro Quadratkilometer.

- "Poblaciones" und zentrale Gebiete ohne Rücksicht auf die Einwohnerdichte und die Einwohnerzahl, wenn bestimmte Bedingungen erfüllt sind, die als charakteristisch für den urbanen Raum angesehen werden (Straßennetz, Ansiedlung von Unternehmen, Einrichtungen wie Friedhof, Kirche, Schule, Spital).
- "Barangays" (= dörfliche Zentren), wenn sie die als typisch für den urbanen Raum betrachteten Merkmale aufweisen.

32) In der Analyse von Engracia und Herrin 1984, wird folgende Differenzierung vorgenommen: Unter der abgeschlossenen Fertilität wird hier die Anzahl der jemals geborenen Kinder verstanden, während die gegenwärtige Fertilität alle Geburten innerhalb der letzten fünf Jahre vor dem RPFS 78 (= 72-77) umfaßt. Bezüglich der Berufstätigkeit wird nur jene nach der Heirat berücksichtigt.

33) Ein Erklärungswert von 16 Prozent scheint auf den ersten Blick niedrig. Es ist jedoch zu beachten, daß in soziologischen Analysen dieser Art praktisch nie ein Wert über 20 Prozent erreicht wird.

34) Die tatsächlich angestrebte Kinderzahl wurde hier aus der Anzahl der Kinder, die zusätzlich gewünscht werden plus der Anzahl der bereits geborenen Kinder errechnet. Diese Meßgröße liegt näher an der tatsächlichen Fertilität als die ideale Kinderzahl.

35) Frauen, die einem "Schwangerschaftsrisiko" ausgesetzt sind, sind hier alle verheirateten, fruchtbaren Frauen im reproduktionsfähigen Alter, die mit ihrem Ehemann zusammenleben.

36) Die Untersuchung wurde nach Daten des AFS 78 durchgeführt; die Analyse basiert auf Daten zur Haushaltscharakteristik. Bildungsgrad und Beruf wurden darin für den "Ehepartner des Haushaltsvorstandes" ausgewiesen, dies ist allerdings fast ausnahmslos die Frau.

Summary in English

Rapid population growth is frequently regarded as one cause of economic and social problems. In fact, high fertility is not necessarily an obstacle to development, but it may reduce the individual's chances to benefit from economic progress and achieve a higher standard of living. Particularly in societies where the satisfaction of the basic needs of living is not guaranteed for a majority of the population, existing socio-economic disparities are usually aggravated, if the population increases at a rapid pace. Due to this, most developing countries have adopted one or the other strategy to control fertility and growth rates.

In the Philippines the reduction of fertility rates has been one of the main goals of the population policy since 1970. The family planning programmes have been focused on medical-technical and organizational aspects of contraception for a long time. Thus an analysis of the actual effects of this policy on population growth, i.e. an evaluation of its contribution to the experienced fertility decline seems reasonable at the present moment.

In contrast to other South East Asian countries the Philippines had to face a rather sluggish fertility decline during the past decades. Demographers pointed out that the reduction in birth rates during the 1970ies has been mainly a result of changing nuptiality, i.e. rising age at first marriage. This implies that the family planning programme can only be credited with marginal contribution to the changing reproductive behaviour. Data from the Republic of the Philippines Fertility Survey 1975 (RPFS 78) suggest that only 50 percent of all Philippine women exposed to the risk of pregnancy used an effective method such as the pill or the intrauterine diaphragm. On the other hand, more than 90 percent of ever-married women of reproductive age reported to have heard of at least one contraceptive method. This illustrates that knowing a method is not enough; couples need additional incentives to take up family planning.

It is a well-known fact that the change of intermediate fertility determinants (like nuptiality and contraception) largely depends on institutional factors, which in turn are a product of a society's political, socio-economic and cultural organization. The socio-political situation in the Philippines thus may be regarded as one of the main causes of the sluggish fertility decline. With respect to socio-economic and political development Philippine history has been rather turbulent. Today the country still suffers from the consequences of a biased development policy, which has only been corrected to a certain extent in recent years.

As part of the medium-term development plan 1978-1992 the Aquino administration announced a series of socio-economic reforms. An integrated approach to

Summary in English

development, which incorporates family planning initiatives into health and population programmes is now pursued. This is to say that fertility reduction is regarded as part of a general concept to alleviate poverty and attain a higher living standard. Yet, not all of the ambitious development goals have been achieved so far, and the society is still characterized by serious social inequities.

Generally decreasing fertility is associated with socio-economic well-being, this is to say with high education, white-collar occupation, high income etc. In other words "modernization" and a westernized way of living are regarded as preconditions for a fertility decline. In fact, the cultural component of changing reproductive behaviour is sometimes neglected by the proponents of contraception - and this seems to have happened in the Philippines, too. Although most couples have got some information on family planning, the reproductive norms of the Philippine society have not changed fundamentally during the last decades. As 90 percent of the population are Christian, children are regarded as a blessing of God and a big family as a happy family. On the other hand, ideal family size (four children) rarely corresponds with the acutally achieved family size (seven and more children). Many women reported that they would prefer a smaller family size than they have actually got.

Apparently there exists a considerable gap between the generally accepted point of view and actual reproductive behaviour. In this context it is important to notice that in traditional societies it is usually not the prospective mother and father, who may decide on the birth of a child, but the extended family or the clan. The Philippine case illustrates that macro-problems do not necessarily have their counterpart at the micro-level. Due to the lack of a satisfactory public pension scheme a great number of offsprings is regarded as a guarantee for financial security in old age, for example.

Another cultural barrier to family planning is the exclusion of women from many social roles apart from their traditional part as "housewife and mother". To the extent as women transcend this cliché and engage in various alternative fields, family planning may be perceived of as a social necessity on the macro as well as on the micro level.

Recognizing the population problem on the micro level, however, is one crucial factor for the success of any family planning programme. The process of demographic transformation can be further stimulated and accelerated by population and development programmes which take into account all potential fertility determinants. Thus favourable conditions for a fertility decline can be established within the framework of an extensive development policy.

Statistisches Ergänzungsmaterial

Tabelle A1:
Bevölkerungsdichte nach Provinzen entsprechend ihrer Rangordnung 1970, 1975 und 1980

Provinz		1980 (Mai 1) Dichte	Rang	1975 (Mai 1) Dichte	Rang	1970 (Mai 6) Dichte	Rang
	Philippinen gesamt	160,3	-	140,2	-	122,3	-
23	Cavite	599,0	1	488,0	1	404,0	2
24	Laguna	553,0	2	456,0	3	397,6	3
18	Pampanga	541,8	3	477,9	2	416,0	1
30	Rizal	424,4	4	316,4	7	234,7	10
16	Bulacan	417,5	5	342,7	5	281,1	6
44	Cebu	411,0	6	357,4	4	321,2	4
22	Batangas	370,9	7	326,0	6	296,6	5
32	Albay	316,5	8	385,5	8	264,0	7
7	Pangasinan	304,8	9	283,2	9	258,2	8
5	La Union	303,1	10	277,7	10	250,3	9
41	Iluüo	269,3	11	246,6	11	219,4	12
60	Camiguin	248,6	12	228,7	12	234,6	11
42	Negros Occidental	243,5	13	225,3	13	189,7	15
15	Bataan	235,4	14	191,7	19	157,5	23
37	Sorsogon	233,8	15	208,5	15	199,4	13
19	Tarlac	225,5	16	209,9	14	183,31	17
53	Sulu	225,3	17	150,0	29	197,1	14
34	Camarines Sur	208,7	18	194,4	17	180,1	18
47	Leyte	207,8	19	191,9	18	177,2	19
46	Siquijor	204,8	20	201,1	16	183,34	16
17	Nueva Ecija	202,4	21	179,4	22	161,1	22
61	Misamis Occidental	199,2	22	183,7	21	164,9	21
43	Bohol	195,8	23	184,4	20	166,0	20
62	Misamis Oriental	193,3	24	157,0	28	132,4	29
40	Capiz	186,9	25	169,3	24	149,6	25
25	Marinduque	181,1	26	169,7	23	150,2	24
54	Tawi-Tawi	179,0	27	132,0	34	101,3	43
38	Aklan	178,5	28	161,4	26	144,87	28
65	Davao del Sur	177,7	29	146,8	30	123,1	32
4	Ilocos Sur	172,0	30	162,7	25	149,3	26
48	Southern Leyte	170,8	31	159,3	27	144,9	27
52	Basilan	151,8	32	128,9	37	108,4	38
45	Negros Oriental	151,7	33	137,1	31	120,7	34
69	Lanao del Norte	149,1	34	13,3	38	113,2	37
33	Camarines Norte	145,8	35	136,5	32	124,1	30
36	Masbate	144,4	36	131,8	35	121,8	33
31	Romblon	142,5	37	134,8	33	123,2	31

Fortsetzung Tabelle A1

Provinz		1980 (Mai 1) Dichte	Rang	1975 (Mai 1) Dichte	Rang	1970 (Mai 6) Dichte	Rang
57	Agusan del Norte	141,1	38	116,1	42	107,3	40
56	Zamboanga del Sur	137,7	39	116,7	41	103,6	42
39	Antique	136,7	40	122,3	39	114,7	36
2	Benguet	133,6	41	113,8	44	99,3	45
63	Surigao del Norte	132,7	42	108,8	47	87,2	48
29	Quezon	129,7	43	117,8	40	103,7	41
20	Zambales	119,5	44	112,1	45	92,4	46
35	Catanduanes	115,9	45	114,3	43	107,4	39
3	Ilocos Norte	114,9	46	109,4	46	101,0	44
50	Northern Samar	108,2	47	101,4	48	87,5	47
70	Lanao del Sur	104,6	48	129,1	36	117,6	35
67	South Cotabato	103,2	49	78,6	53	62,41	56
27	Oriental Mindoro	102,4	50	89,1	50	75,2	51
71	Maguindanao	101,1	51	90,1	49	79,3	49
55	Zamboanga del Norte	96,8	52	80,7	52	67,4	53
61	Samar	89,7	53	85,6	51	79,1	50
64	Davao	89,2	54	72,5	54	54,4	61
72	North Cotabato	84,2	55	70,5	56	69,9	52
68	Surigao del Sur	83,0	56	66,4	58	56,8	59
11	Isabela	81,6	57	68,5	57	60,8	57
9	Cagayan	79,0	58	71,5	55	64,6	54
59	Bukidnon	76,2	59	64,2	60	50,0	62
99	Eastern Samar	73,9	60	66,2	59	63,45	55
73	Suldan Kudarat	70,3	61	55,3	63	57,1	58
66	Davao Oriental	65,8	62	58,0	61	48,0	63
13	Nueva Vizcaya	61,9	63	54,6	62	44,1	65
8	Batanes	57,8	64	56,7	64	54,5	60
6	Mountain Province	49,1	65	44,9	65	44,4	64
10	Ifugao	44,2	66	41,6	66	36,7	66
1	Abra	40,3	67	37,0	67	36,6	67
26	Occidental Mindoro	37,8	68	31,6	68	24,5	69
21	Aurora	33,1	69	27,8	69	24,6	68
58	Agusan del Sur	29,6	70	23,8	70	19,5	70
14	Quirino	27,2	71	21,5	72	16,3	72
12	Kalinga-Apayao	26,3	72	23,2	71	19,3	71
28	Palawan	25,0	73	20,1	73	15,9	73

Quelle: Republic of the Philippines, National Census and Statistics Office 1980, Special Report No.3.

Tabelle A2:
Durchschnittliche jährliche Wachstumsrate der Bevölkerung zwischen 1970 und 1980 nach Regionen und Provinzen

Philippinen		2,75				
I	**Ilocos**	1,70	**VII**	**Central Visayas**		2,25
1	Abra	0,97	43	Bohol		1,67
2	Benguet	3,02	44	Cebu		2,50
3	Ilocos Norte	1,30	45	Negros Oriental		2,31
4	Ilocos Sur	1,42	46	Siquihor		1,11
5	La Union	1,93				
6	Mountain Province	1,02	**VIII**	**Eastern Visayas**		1,63
7	Pangasinan	1,67	47	Leyte		1,61
			48	Southern Leyte		1,66
II	**Cagayan Valley**	2,74	49	Eastern Samar		1,70
8	Batanes	0,59	50	Northern Samar		2,15
9	Cagayan	2,04	51	Western Samar		1,26
10	Ifugao	1,88				
11	Isabela	3,00	**IX**	**Western Mindanao**		3,07
12	Kalinga-Apayo	3,11	52	Basilan		3,42
13	Nueva Vizcaya	3,45	53	Sulu		1,35
14	Quirino	5,28	54	Tawi-Tawi		5,85
			55	Zamboanga del Norte		3,69
III	**Central Luzon**	2,88	56	Zamboanga del Sur		2,89
15	Bataan	4,10				
16	Bulacan	4,03	**X**	**Northern Mindanao**		3,52
17	Nueva Ecija	2,31	57	Agusan del Norte		2,77
18	Pampanga	2,68	58	Agusan del Sur		4,26
19	Tarlac	2,09	59	Bukidnon		4,30
20	Zambales	2,61	60	Camiguin		0,58
			61	Misamis Occidental		1,91
IV	**Southern Tagalog**	3,22	62	Misamis Oriental		3,85
21	Aurora	2,91	63	Surigao del Norte		4,29
22	Batangas	2,40				
23	Cavite	4,02	**XI**	**Southern Mindanao**		4,28
24	Laguna	3,35	64	Davao del Norte		5,06
25	Marinduque	1,89	65	Davao del Sur		3,74
26	Occidental Mindoro	4,44	66	Davao Oriental		3,20
27	Oriental Mindoro	3,13	67	South Cotabato		5,15
28	Palawan	4,62	68	Surigao del Sur		3,89
29	Quezon	2,26				
30	Rizal	6,10	**XII**	**Central Mindanao**		1,58
31	Romblon	1,46	69	Lanao del Norte		2,80
			70	Lanao del Sur		1,17
V	**Bicol**	1,60	71	Maguindanao		1,20
32	Albay	1,84	72	North Cotabato		1,89
33	Camarines Norte	1,62	73	Sultan Kudarat		4,73
34	Camarines Sur	1,49				
35	Catanduanes	0,77				
36	Masbate	1,72	**XIII**	**National Capital Region**		
37	Sorsogon	1,60		**Metro Manila**		4,13
VI	**Western Visayas**	2,24				
38	Aklan	2,11				
39	Antique	1,78				
40	Capiz	2,25				
41	Iloilo	2,07				
42	Negros Occidental	2,53				

Quelle: Berechnung nach NCSO Philippines, Census of Population and Housing 1980.

Tabelle A3:
Anteil der 0-4jährigen an der Gesamtbevölkerung in Prozent nach Regionen und Provinzen, 1970 und 1980

Region/Provinz		Anteil d. 0-4jährigen a.d. Gesamtbev. in % 1970	1980	Region/Provinz		Anteil d. 0-4jährigen a.d. Gesamtbev. in % 1970	1980
Philippinen		15,9	15,9	VI	Western Visayas	15,0	15,7
Metropolitan Manila		14,5	14,0		Aklan	14,6	14,8
					Antique	14,5	15,4
					Capiz	16,0	16,3
I	Ilocos Region	14,8	14,6		Iloilo	14,6	15,0
	Abra	13,5	14,1		Negros Occidental	15,6	16,4
	Benguet	16,1	15,2				
	Ilocos Norte	13,3	14,1	VII	Central Visayas	15,3	15,3
	Ilocos Sur	13,7	13,5		Bohol	14,8	14,8
	La Union	14,6	14,4		Cebu	15,4	15,4
	Mountain Province	15,4	14,8		Negros Oriental	15,7	15,9
	Pangasinan	15,3	15,2		Siquijor	15,7	13,2
II	Cagayan Valley	16,7	16,4	VIII	Eastern Visayas	16,2	16,1
	Batanes	14,9	14,8		Leyte	16,1	16,2
	Cagayan	15,1	15,6		Southern Leyte	15,7	15,3
	Ifugao	15,7	16,8		Eastern Samar	15,2	14,9
	Isabela	18,8	17,0		Northern Samar	17,4	17,0
	Kalinga-Apayo	16,2	16,5		Western Samar	16,7	16,2
	Nueva Vizcaya	15,9	15,9				
	Quirino	15,9	18,0	IX	Western Mindanao	16,2	16,9
					Basilan	16,2	16,8
III	Central Luzon	16,2	15,6		Sulu	13,6	14,7
	Bataan	16,0	16,1		Tawi-Tawi	13,9	16,4
	Bulacan	15,5	15,6		Zamboanga del Norte	16,9	16,4
	Nueva Ecija	16,3	15,7		Zamboanga del Sur	17,0	17,8
	Pampanga	16,9	15,8				
	Tarlac	16,1	15,4	X	Northern Mindanao	16,9	16,6
	Zambales	16,0	14,4		Agusan del Norte	17,1	16,8
					Agusan del Sur	17,7	18,3
IV	Southern Tagalog	16,1	16,1		Bukidnon	18,7	18,5
	Aurora	16,8	17,1		Camiguin	14,2	13,3
	Batangas	15,4	15,7		Misamis Occidental	15,0	14,6
	Cavite	15,0	14,7		Misamis Oriental	16,8	16,0
	Laguna	15,7	15,7		Surigao del Norte	16,0	15,6
	Marinduque	16,2	16,4				
	Occidental Mindoro	16,9	17,9	XI	Southern Mindanao	17,1	17,3
	Oriental Mindoro	17,4	17,9		Davao del Norte	17,3	17,4
	Palawan	15,5	16,5		Davao del Sur	16,7	16,5
	Quezon	16,8	16,4		Davao Oriental	17,6	17,9
	Rizal	16,6	16,2		South Cotabato	17,5	18,2
	Romblon	16,7	16,2		Surigao del Sur	16,6	16,9
V	Bicol Region	17,0	17,2	XII	Central Mindanao	16,5	18,3
	Albay	16,9	17,0		Lanao del Norte	15,9	17,4
	Camarines Norte	17,5	17,4		Lanao del Sur	16,0	19,9
	Camarines Sur	16,8	17,4		Maguindanao	16,8	18,4
	Catanduanes	16,4	15,6		North Cotabato	17,1	18,1
	Masbate	17,5	17,7		Sultan Kudarat	16,8	18,1
	Sorsogon	17,2	17,1				

Quelle: Berechnung nach NCSO Philippines, Census of Population and Housing 1980.

Statistisches Ergänzungsmaterial 155

Tabelle A4:
Frauen/Kinder-Rate 1970 und 1980 nach Regionen und Provinzen

Region/Provinz	Frauen/Kinder-Rate 1970	1980	Region/Provinz		Frauen/Kinder-Rate 1970	1980
Philippinen	693	664	VI	Western Visayas	666	679
Metropolitan Manila	521	461		Aklan	683	670
				Antique	639	705
				Capiz	716	725
I Ilocos Region	656	637		Iloilo	628	644
Abra	606	629		Negros Occidental	708	690
Benguet	668	600				
Ilocos Norte	596	577	VII	Central Visayas	667	651
Ilocos Sur	628	601		Bohol	669	671
La Union	659	617		Gebu	650	635
Mountain Province	692	648		Negros Oriental	708	678
Pangasinan	678	675		Siquijor	708	611
II Cagayan Valley	790	722	VIII	Eastern Visayas	776	751
Batanes	767	752		Leyte	762	746
Cagayan	688	689		Southern Leyte	750	713
Ifugao	702	742		Eastern Samar	734	706
Isabela	940	751		Northern Samar	855	799
Kalinga-Apayo	723	715		Western Samar	799	778
Nueva Vizcaya	735	678				
Quirino	735	808	IX	Western Mindanao	703	719
				Basilan	703	683
III Central Luzon	707	650		Sulu	533	600
Bataan	715	634		Tawi-Tawi	563	762
Bulacan	641	638		Zamboanga del Norte	763	705
Nueva Ecija	737	680		Zamboanga del Sur	755	763
Pampanga	750	671				
Tarlac	725	668	X	Northern Mindanao	764	715
Zambales	659	553		Agusan del Norte	763	721
				Agusan del Sur	834	836
IV Southern Tagalog	708	687		Bukidnon	890	829
Aurora	777	790		Camiguin	644	600
Batangas	656	679		Misamis Occidental	644	603
Cavite	621	579		Misamis Oriental	757	664
Laguna	671	636		Surigao del Norte	721	675
Marinduque	770	760				
Occidental Mindoro	785	819	XI	Southern Mindanao	772	737
Oriental Mindoro	811	817		Davao del Norte	821	764
Palawan	708	752		Davao del Sur	727	666
Quezon	777	732		Davao Oriental	827	808
Rizal	703	633		South Cotabato	799	791
Romblon	788	743		Surigao del Sur	739	741
V Bicol Region	810	801	XII	Central Mindanao	719	785
Albay	793	774		Lanao del Norte	674	718
Camarines Norte	832	805		Lanao del Sur	680	855
Camarines Sur	780	805		Maguindanao	717	761
Catanduanes	825	779		North Cotabato	781	805
Masbate	836	819		Sultan Kudarat	760	808
Sorsogon	858	824				

Quelle: Indirect Estimates of Fertility for Small Geographic Areas in the Philippines, UN-ESCAP 1985.

Tabelle A5:
Durchschnittliche Lebenserwartung bei der Geburt und Rate der Säuglingssterblichkeit nach Regionen und Provinzen 1970 und 1980

Region/Provinz		durchschn. Lebenserwart. bei der Geburt 1970	1980	Rate der Säuglingssterblichkeit (pro 1000 Lebendgeburten) 1970	1980
Philippinen		55,8	61,6	90,2	63,1
Metropolitan Manila		61,5	66,1	63,9	44,1
I	Ilocos Region	57,5	63,0	81,8	57,0
	Abra	55,5	62,0	92,4	61,1
	Benguet	52,0	60,1	110,4	69,6
	Ilocos Norte	60,2	65,0	69,4	48,3
	Ilocos Sur	58,0	63,1	79,5	56,5
	La Union	57,5	63,6	81,6	54,5
	Mountain Province	45,3	60,2	147,7	68,4
	Pangasinan	58,9	63,2	74,9	55,8
II	Cagayan Valley	53,0	58,3	104,9	78,1
	Batanes	54,9	56,7	95,4	86,1
	Cagayan	54,8	59,8	95,1	71,3
	Ifugao	44,8	54,3	150,6	97,4
	Isabela	53,3	57,4	102,8	82,3
	Kalinga-Apayo	47,6	55,1	134,0	93,3
	Nueva Vizcaya	55,1	59,2	93,9	74,2
	Quirino	55,1	59,2	93,9	74,2
III	Central Luzon	60,2	65,1	69,3	48,1
	Bataan	57,7	62,3	80,9	59,9
	Bulacan	62,6	66,5	58,4	41,8
	Nueva Ecija	58,9	63,6	75,3	54,1
	Pampanga	61,4	66,2	64,0	44,8
	Tarlac	57,5	64,3	82,1	51,5
	Zambales	60,9	66,2	65,8	43,2
IV	Southern Tagalog	54,3	64,3	73,0	51,5
	Aurora	47,8	62,5	96,2	58,9
	Batangas	54,7	66,6	65,5	41,7
	Cavite	62,9	66,2	67,2	44,1
	Laguna	52,6	65,0	75,6	49,2
	Marinduque	59,4	62,5	88,8	58,9
	Occidental Mindoro	54,7	63,9	109,2	53,2
	Oriental Mindoro	61,1	61,3	97,5	64,1
	Palawan	60,7	61,3	133,6	65,2
	Quezon	58,8	62,5	96,2	58,9
	Rizal	54,7	65,7	57,3	46,6
	Romblon	52,0	62,4	107,1	59,4
V	Bicol Region	55,7	61,2	90,7	65,6
	Albay	59,1	63,7	74,0	53,6
	Camarines Norte	53,2	59,9	103,0	70,2
	Camarines Sur	56,9	61,8	84,7	62,6
	Catanduanes	54,9	60,6	95,0	67,5
	Masbate	51,3	58,1	113,5	79,2
	Sorsogon	54,4	61,2	96,8	63,3

Statistisches Ergänzungsmaterial 157

Fortsetzung Tabelle A5

Region/Provinz		durchschn. Lebenserwart. bei der Geburt		Rate der Säuglingssterblichkeit (pro 1000 Lebendgeburten)	
		1970	1980	1970	1980
VI	Western Visayas	57,3	62,2	83,1	60,4
	Aklan	54,6	60,3	96,6	68,9
	Antique	54,8	60,7	95,8	66,9
	Capiz	56,9	60,7	84,9	67,0
	Iloilo	59,0	63,5	75,1	54,9
	Negros Occidental	57,2	61,8	83,8	62,3
VII	Central Visayas	59,0	63,9	74,7	53,2
	Bohol	56,9	61,0	85,0	65,7
	Cebu	60,6	64,6	67,4	50,2
	Negros Oriental	57,2	61,2	83,3	55,6
	Siquijor	57,2	61,2	83,3	55,6
VIII	Eastern Visayas	53,0	58,2	104,6	78,8
	Leyte	55,0	59,1	94,3	74,3
	Southern Leyte	54,0	59,9	100,1	70,6
	Eastern Samar	50,0	55,7	120,7	91,0
	Northern Samar	50,8	56,5	116,0	89,0
	Western Samar	51,5	56,6	112,1	86,2
IX	Western Mindanao	47,8	51,5	133,2	112,7
	Basilan	49,6	51,5	172,3	141,4
	Sulu	41,5	46,4	172,3	141,4
	Tawi-Tawi	41,5	46,4	172,3	141,4
	Zamboanga del Norte	50,4	53,5	118,9	102,5
	Zamboanga del Sur	49,6	52,9	122,8	105,3
X	Northern Mindanao	52,1	55,0	109,1	94,4
	Agusan del Norte	51,7	55,8	111,1	90,1
	Agusan del Sur	49,0	51,9	126,2	110,7
	Bukidnon	48,4	51,5	129,5	112,3
	Camiguin	51,6	55,7	111,1	90,7
	Misamis Occidental	53,9	56,6	97,0	86,3
	Misamis Oriental	54,8	58,9	95,5	75,4
	Surigao del Norte	53,8	57,2	100,8	83,7
XI	Southern Mindanao	50,3	54,5	119,0	97,5
	Davao del Norte	49,8	53,9	119,0	99,4
	Davao del Sur	52,7	57,2	106,2	83,4
	Davao Oriental	47,6	52,6	134,0	101,9
	South Cotabato	48,9	52,9	126,7	105,5
	Surigao del Sur	48,7	51,9	127,5	109,5
XII	Central Mindanao	44,6	5,,5	152,1	112,7
	Lanao del Norte	45,4	50,8	147,0	116,4
	Lanao del Sur	42,2	47,9	167,3	132,7
	Maguindanao	46,3	53,8	129,5	100,0
	North Cotabato	45,3	52,4	129,5	107,3
	Sultan Kudarat	45,3	53,8	129,5	100,0

Quelle: UNO, Indirect Estimates of Fertility for Small Geographic Areas in the Philippines, UN-ESCAP 1985.

Tabelle A6:
Rohe Sterberate 1903 bis 1973 nach unterschiedlichen Quellen

Quelle	Periode	CDR (= rohe Sterberate)
Aromin	1903	58,0
	1904 - 1905	26,8
	1906 - 1910	26,9
	1911 - 1915	25,3
	1916 - 1917	27,8
	1918 - 1919	47,0
	1920 - 1925	25,7
	1926 - 1930	26,0
	1931 - 1935	23,5
	1936 - 1941	23,3
	1942 - 1945	31,9
	1946 - 1950	21,8
	1951 - 1955	17,9
	1956 - 1960	14,5
Zablan	1960	13,7
	1965	12,6
	1970	11,8
Flieger	1971	11,6
Mijares	1973	9,6

Quelle: UNO 1978, Country Monograph.

Tabelle A7:
Niveau der rohen Geburtenrate sowie deren zeitliche Veränderung für ausgewählte asiatische Länder 1960-1965 und 1975-1980

Rückgang der CBR zwischen 1960-65 und 1975-80 (in %)	rohe Geburtenrate (= CBR) 1975-1980 (pro 1000)		
	40 und darüber	26 - 39	25 und darunter
unter 10	Bangladesh Nepal Pakistan Birma		
10 - 20		Demokr. VR Korea Philippinen Indien Sir Lanka	
21 - 34		Indonesien Malaysia Thailand	
35 und mehr			China Hong Kong Rep. Korea Singapur

Quelle: Concepcion 1984 (in: Schubnell 1984, S.23).

Statistisches Ergänzungsmaterial 159

Tabelle A8:
Totale Fruchtbarkeitsrate 1970 und 1980 nach zwei unterschiedlichen Schätzmethoden sowie deren Veränderung in Prozent nach Regionen und Provinzen

Region/Provinz	Bogue-Palmore 1980	1970	Verändg. in %	Rele 1975-80	1970-75	Verändg. in %
Philippinen	5,08	5,71	- 11,0	4,95	5,32	- 7,0
Metropolitan Manila	2,98	3,78	- 21,1	3,36	3,88	- 13,5
I Ilocos Region	4,96	5,46	- 9,2	4,71	4,99	- 5,6
Abra	5,00	5,33	- 6,3	4,68	4,66	0,4
Benguet	4,62	5,72	- 19,3	4,50	5,23	- 13,9
Ilocos Norte	4,27	4,92	- 13,2	4,23	4,47	- 5,5
Ilocos Sur	4,76	5,31	- 10,3	4,44	4,77	- 6,8
La Union	4,76	5,53	- 13,9	4,55	5,01	- 9,2
Mountain Province	5,20	6,52	- 20,2	4,86	5,61	- 13,3
Pangasinan	5,26	5,49	- 4,3	4,99	5,12	- 2,6
II Cagayan Valley	5,78	6,76	- 14,5	5,47	6,15	- 11,1
Batanes	6,72	7,05	- 4,7	5,75	5,92	- 2,9
Cagayan	5,47	5,83	- 6,3	5,18	5,31	- 2,5
Ifugao	6,23	6,63	- 6,0	5,74	5,70	0,6
Isabela	6,03	7,95	- 24,1	5,72	7,31	- 21,8
Kalinga-Apayo	5,89	6,56	- 10,2	5,51	5,79	- 4,9
Nueva Vizcaya	5,35	6,18	- 13,4	5,11	5,66	- 9,7
Quirino	6,33	6,18	- 2,6	6,09	5,66	- 7,6
III Central Luzon	4,78	5,53	- 13,6	4,76	5,30	- 10,3
Bataan	4,69	5,83	- 19,6	4,71	5,43	- 13,4
Bulacan	4,55	4,81	- 5,3	4,64	4,75	- 2,4
Nueva Ecija	5,14	5,89	- 12,7	5,02	5,57	- 9,9
Pampanga	4,95	5,83	- 15,1	4,88	5,59	- 12,7
Tarlac	5,05	5,92	- 14,6	4,91	5,52	- 11,0
Zambales	3,86	4,92	- 21,4	4,03	4,93	- 18,3
IV Southern Tagalog	5,11	5,57	- 8,2	5,05	5,33	- 5,3
Aurora	6,13	6,45	- 5,0	5,86	6,00	- 2,3
Batangas	4,99	5,02	- 0,7	4,93	4,90	- 0,7
Cavite	4,10	4,78	- 14,4	4,21	4,65	- 0,3
Laguna	4,61	5,29	- 12,8	4,66	5,07	- 8,1
Marinduque	5,97	6,52	- 8,5	5,64	5,95	- 5,2
Occidental Mindoro	6,23	6,79	- 8,2	6,03	6,15	- 1,9
Oriental Mindoro	6,35	6,73	- 5,6	6,09	6,27	- 2,9
Palawan	5,90	6,50	- 9,2	5,61	5,67	- 1,0
Quezon	5,61	6,45	- 13,0	5,43	6,00	- 9,5
Rizal	4,44	5,27	- 15,7	4,62	5,20	- 11,2
Romblon	5,83	6,81	- 14,3	5,51	6,15	- 10,4
V Bicol Region	6,36	6,79	- 6,3	5,98	6,22	- 3,9
Albay	5,96	6,40	- 6,9	5,71	5,98	- 4,6
Camarines Norte	6,42	7,10	- 9,6	6,05	6,47	- 6,6
Camarines Sur	6,35	6,44	- 1,5	5,99	5,95	- 0,6
Catanduanes	6,50	7,18	- 9,4	5,83	6,36	- 8,4
Masbate	6,59	7,18	- 8,3	6,21	6,57	- 5,4
Sorsogon	6,59	7,39	- 10,9	6,15	6,64	- 7,3

Fortsetzung Tabelle A8

Region/Provinz		Bogue-Palmore 1980	1970	Verändg. in %	Rele 1975-80	1970-75	Verändg. in %
VI	Western Visayas	5,27	5,50	- 4,0	5,04	5,07	- 0,6
	Aklan	5,46	6,01	- 9,2	5,02	5,28	- 4,8
	Antique	5,70	5,54	2,7	5,27	4,93	7,0
	Capiz	5,74	5,85	- 2,0	5,43	5,46	- 0,7
	Iloilo	4,97	5,09	- 2,4	4,75	4,74	0,2
	Negros Occidental	5,28	5,81	- 9,1	5,13	5,40	- 4,8
VII	Central Visayas	4,92	5,36	- 8,2	4,79	5,03	- 4,8
	Bohol	5,43	5,67	- 4,4	5,01	5,11	- 1,8
	Cebu	4,69	5,04	- 7,1	4,66	4,87	- 4,2
	Negros Oriental	5,10	5,82	- 12,4	5,06	5,40	- 6,2
	Siquijor	4,93	5,82	- 15,3	4,56	5,40	- 15,5
VIII	Eastern Visayas	6,17	6,75	- 8,5	5,69	6,04	- 5,8
	Leyte	6,04	6,46	- 6,4	5,63	5,88	- 4,2
	Southern Leyte	5,86	6,63	- 11,7	5,36	5,81	- 7,8
	Eastern Samar	6,10	6,73	- 9,4	5,42	5,81	- 6,6
	Northern Samar	6,63	7,54	- 12,1	6,11	6,74	- 9,3
	Western Samar	6,52	6,95	- 6,3	5,95	6,27	- 5,2
IX	Western Mindanao	6,14	6,28	- 2,2	5,64	65,63	0,3
	Basilan	6,10	6,78	- 10,1	5,36	5,57	- 3,8
	Sulu	5,67	5,54	2,3	4,84	4,40	9,8
	Tawi-Tawi	7,22	5,72	26,3	6,14	4,65	32,0
	Zamboanga del Norte	5,94	6,61	- 10,2	5,48	6,02	- 9,1
	Zamboanga del Sur	6,35	6,52	- 2,7	5,95	5,98	- 0,6
X	Northern Mindanao	5,92	6,56	- 9,6	5,51	5,98	- 7,8
	Agusan del Norte	5,90	6,53	- 9,7	5,54	5,98	- 7,5
	Agusan del Sur	7,11	7,27	- 2,2	6,55	6,63	- 1,2
	Bukidnon	7,03	7,84	- 10,3	6,51	7,10	- 8,3
	Camiguin	5,33	5,97	- 10,7	4,61	5,05	- 8,8
	Misamis Occidental	4,98	5,50	- 9,4	4,61	4,99	- 7,7
	Misamis Oriental	5,23	6,32	- 17,1	5,01	5,84	- 14,2
	Surigao del Norte	5,55	6,14	- 9,6	5,14	5,59	- 8,0
XI	Southern Mindanao	6,06	6,68	- 9,3	5,70	6,10	- 6,5
	Davao del Norte	6,34	7,16	- 11,4	5,92	6,50	- 8,9
	Davao del Sur	5,26	6,11	- 13,9	5,08	5,67	- 10,5
	Davao Oriental	6,77	7,34	- 7,8	6,31	6,63	- 4,8
	South Cotabato	6,59	7,00	- 5,8	6,16	6,36	- 3,0
	Surigao del Sur	6,35	6,57	- 3,3	5,80	5,89	- 1,4
XII	Central Mindanao	6,63	6,67	- 0,6	6,16	5,85	5,4
	Lanao del Norte	6,09	6,22	- 2,2	5,66	5,46	3,6
	Lanao del Sur	7,46	6,61	12,9	6,84	5,60	22,1
	Maguindanao	6,16	6,27	- 1,7	5,90	5,81	1,6
	North Cotabato	6,81	6,91	- 1,5	6,29	6,33	- 0,6
	Sultan Kudarat	6,74	6,73	0,0	6,27	6,16	1,7

Quelle: Indirect Estimates of Fertility for Small Geographic Areas in the Philippines, UN-ESCAP 1985.

Bibliographie

Aguilar, Delia M.: "Women in the Political Economy of the Philippines", in: *Alternatives XII* (1987), S.511-526

Bähr, Jürgen: *Bevölkerungsgeographie*, Stuttgart: Verlag Eugen Ulmer, 1983, 427 S.

Bowring, Philipp und Sacerdoti, Guy: "Time for a Real Debate", in: *Far Eastern Economic Review*, Vol.120 No.23/1983, S.54-66

Bronger, Dirk: *Die Industrie der Philippinen*, Hamburg: Institut für Asienkunde, 1979, 211 S.

Bronger, Dirk: "Metropolisierung: Ursachen und Folgewirkungen eines Entwicklungsprozesses in den Ländern der Dritten Welt - Das Beispiel Metro Manila", in: *Die Erde. Zeitschrift der Gesellschaft für Erdkunde zu Berlin*, Berlin 117.Jahrg., Heft 1 1986, S.23-46

Bronger, Dirk: *Die Philippinen. Raumstrukturen, Entwicklungsprobleme, Regionale Entwicklungsplanung*, Hamburg: Institut für Asienkunde, 1987, 559 S.

Cabigon, V.J.: "Factors Affecting Use and Non-Use of Contraception", in: Engracia et al. (Hrsg.): *Fertility in the Philippines. Further Analysis of the Republic of the Philippines Fertility Survey 1978*, Voorburg: International Statistical Institute 1984, S.149-172

Cabigon, V.J. und Perez, A.E.: "Contraceptive Practice in the Philippines. A Synthesis", in: *Philippine Population Journal*, Vol.1 No.1, Manila 1985, S.36-57.

Caldwell, J.C.: "Education as a Factor in Mortality Decline. An Examination of Nigerian Data", in: *Population Studies* 33, London 1979, S.395-413

Cain, M.: "Perspectives on Family and Fertility in Developing Countries", in: *Population Studies* 36/2, London 1982, S.159-175

Cant, Garth: "The Philippines. Spatial Pattern and Spatial Planning", in: RYOR, Robin J. (Hrsg.): *Migration and Development in South East Asia. A Demographic Perspective*, Oxford: Oxford University Press, 1979, S.260-314

Cca-Urm (Hrsg.): *Struggling to Survive. Women Workers in Asia*, Hongkong 1983, 210 S.

Chamratrithirong, Aphichat: "Responses of Families to Population Policies in Asian Countries: Knowledge, Attitude, Practice", in: Schubnell, Hermann (Hrsg.): *Population Policies in Asian Countries. Contemporary Targets, Measures and Effects*, Hongkong: University of Hong Kong, 1984, S.529-542

Chidambaram, V.C. et al.: "Infant and Child Mortality in the Developing World. Information from the World Fertility Survey", in: *International Family Planning Perspectives* 1/1 1985, S.17-25

Concepcion, Mercedes (Hrsg.): *Population of the Philippines*, Manila: Population Institute of the University of the Philippines, 1977, 152 S.

Concepcion, Mercedes: "Population Development in Asian Countries, Causes and Effects. A Review", in: Schubnell, Hermann (Hrsg.): *Population Policies in Asian Countries. Contemporary Targets, Measures and Effects*, Hongkong: University of Hongkong, 1984, S.20-36

Concepcion, Mercedes: "The Philippines. Population Trends and Dilemmas", in: *Philippine Population Journal* 1/1, Manila 1985, S.14-35

Domingo, Lita, Flieger, Wilhelm und Francis C. Madigan: "Current Fertility. A Glimpse from the 1983 National Demographic Survey", in: *Population Journal* 1/1, Manila 1985, S.58-78

"Employment-based Family Planning Programs", in: *Population Reports*, Series J, No.4, Vol.XV, No.2, 1977, S.J922-J950

Engels, Benno: "Bevölkerung und Entwicklung. Probleme einer Weltbevölkerungspolitik nach dem Kairoer Symposium und der Weltbevölkerungskonferenz in Bukarest", in: *Demographie. Zeitschrift für Bevölkerungswissenschaften* 2, Hamburg 1976, S.77-93

Engracia, Luisa T., Mejia-Raymundo, Corazon und John B. Casterline (Hrsg.): *Fertility in the Philippines. Further Analysis of the Republic of the Philippines Survey 1978*, Voorburg: International Statistics Institute, 1984, 222 S.

Engracia, Luisa T. und Herrin, Alejandro N.: "Female Work Participation and Fertility in the Philippines", in: Engracia et al. (Hrsg.): *Fertility in the Philippines. Further Analysis of the Republic of the Philippines Fertility Survey 1978*, Voorburg: International Statistics Institute, 1984, S.131-143

Engracia, Luisa T.; Mortel Dolores M. und Luisa B. Nartatez: "Accessibility of Family Planning and Community Development and their Impact of the Birth Rate", in: Engracia, Luisa T., et al. (Hrsg.): *Fertility in the Philippines. Further Analysis of the Republic of the Philippines Fertility Survey 1978*, Voorburg: International Statistics Institute, 1984, S.175-195

Fischer-Weltalmanach '87, Frankfurt: Fischer Taschenbuch Verlag 1986, 1090 S.

Gehrmann, Rolf: "Einsichten und Konsequenzen aus neuerer Forschung zum generativen Verhalten im demographischen Ancien Régime und in der Transitionsphase", in: *Demographie. Zeitschrift für Bevölkerungswissenschaften*

Guzmann, de Eliseo A.: "The Effects of Infant Mortality on Fertility in the Philippines", in: Engracia, Luisa T., et al. (Hrsg.): *Fertility in the Philippines. Further Analysis of the Republic of the Philippines Fertility Survey 1978*, Voorburg: International Statistics Institute, 1984, S.123-129

Guzmann, de Eliseo A.: "Determinants of nuptiality in the Philippines. Some new Findings", in: Engracia, Luisa T., et al. (Hrsg.): *Fertility in the Philippines. Further Analysis of the Republic of the Philippines Fertility Survey 1978*, Voorburg: International Statistics Institute, 1984, S.15-22

Hackenberg, Rovert A. und Magalit, Henry: *Demographic Response to Development. Sources of Declining Fertility in the Philippines*, London: Westview Press, 1985, 332 S.

Hansluwka Harald: "Mortality in South and East Asia. An Overview", in: Schubnell, Hermann (Hrsg.): *Population Policies in Asian Countries. Contemporary Targets, Measures and Effects*, Hongkong: University of Hong Kong, 1984, S.274-338

Hauser, Jürg A.: *Bevölkerungsprobleme der Dritten Welt*, Bern und Stuttgart: Verlag Paul Haupt, 1974, 316 S.

Hauser, Jürg A.: *Bevölkerungslehre für Politik, Wirtschaft und Verwaltung*, Bern und Stuttgart: Verlag Paul Haupt, 1982, 359 S.

Hauser, Jürg A.: "Cross Section Study on Population Policies in Asian Countries", in: Schubnell, Hermann (Hrsg.): *Population Policies in Asian Countries. Contemporary Measures, Targets and Effects*, Hongkong: University of Hong Kong, 1984, S.467-514

Hobcraft, J. et al.: "Socio-economic Factors in Infant and Child Mortality", in: *Population Studies* 38, London 1984, S.193-223

Herrin, Alejandro N.: "Migration and Agricultural Development in the Philippines", in: Hauser, P.M. et al. (Hrsg.): *Urbanization and Migration in ASEAN Development*, Tokyo: National Institute for Research Advancement 1985, 350 S.

Heyzer, N.: *Missing Women. Development Planning in Asia and the Pacific*, Kuala Lumpur: Asia and Pacific Development Center, 1985, 421 S.

Jamias, Eugenia G.: "The Philippine Population Programme. An Overview", in: *Philippine Population Journal* 1/1, Manila 1985, S.8-13

Kotte, Heinz: *Das Parlament der Straße. Berichte von den Philippinen 1983-1987*, Frankfurt am Main: Fischer Taschenbuchverlag, 1988, 236 S.

Koubek, Josef: "Ausgewählte theoretische Probleme der Bevölkerungspolitik", in: *Demographie. Zeitschrift für Bevölkerungswissenschaften*, 11.Jahrg. Vol.1, Hamburg 1985, S.75-88

Krinks, Peter: "Rectifying Inequality of Favouring the Few? Image and Reality in Philippine Development", in: Lea, David A. und Chaudlui, D.P.: *Rural Development and the State. Control and Dilemmas in Developing Countries*, London 1981, S.101-123

Laing, John E.: "Whence the Decline?", in: *International Family Planning Perspectives*, Vol.12/No.4, Dec. 1986, S.145-146

Lean, Lim Lin: "The Role of Women in Population and Development in Asian Countries", in: Schubnell, Hermann (Hrsg.): *Population Policies in Asian Countries. Contemporary Measures, Targets and Effects*, Hongkong: University of Hong Kong, 1984, S.618-636

Lutz, Wolfgang: "Zur prognostischen Relevanz von Fertilitätsstudien", in: *Demographie. Zeitschrift für Bevölkerungswissenschaft*, 11.Jahrg. Vol.3, Hamburg 1985, S.287-302

Lesthaeghe, R.: "Nuptiality and population growth", in: *Population Studies* 25/3, London 1971, S.415-432

Maritin, Linda G. et al.: "Covariates of Child Mortality in the Philippines, Indonesia and Pakistan. An Analysis based on Hazard Models", in: *Population Studies* 37, London 1983, S.417-432

Mauldin, Parker W.: "The Determinants of Fertility Decline in Developing Countries. An Overview of Available Empirical Evidence", in: *International Family Planning Perspectives* 3, New York 1982, S.116-120

Mejia-Raymundo, C.: "Nuptiality and Fertility in the Philippines", in: Engracia, Luisa T. et al.: *Fertility in the Philippines. Further Analysis of the Republic of the Philippines Fertility Survey 1978*, Voorburg: International Institute of Statistics, 1984, S.51-59

Morada, Hector und Alegre, Marietta: "Demographic, Socio-economic and Cultural Correlates of Childbearing Attitudes in the Philippines", in: Engracia, Luisa T. et al. (Hrsg.): *Fertility in the Philippines. Further Analysis of the Republic of the Philippines Fertility Survey 1978*, Voorburg: International Statistics Institute, 1984, S.81-89

Morada, Hector, Alegre, Marietta und Salvail, F.R.: "Levels and Trends of Fertility in the Philippines", in.: Engracia, Luisa T. et al. (Hrsg.): *Fertility in the Philippines. Further Analysis of the Republic of the Philippines Fertility Survey 1978*, Voorburg: International Statistics Institute, 1984, S.31-42

Nimsdorf, Udo (Hrsg.): *Anatomie einer Revolution. Herrschaft, Krise und Umbruch in den Philippinen*, Saarbrücken: Verlag Breitenbach Publishers, 1988, 248 S. (Sozialwissenschaftliche Studien zu internationalen Problemen 132)

Pante, Filologo Jr.: "Population and Development Planning Integration. The Case of the Philippines", in: *Philippines Population Journal* 1/1, Manila 1985, S.94-105

Republic of the Philippines, National Census and Statistics Office: *1975 Integrated Census of the Population and Its Economic Activities, Philippines*, Vol.II, National Summary, Manila

Republic of the Philippines, National Census and Statistics Office: *1980 Census of Population and Housing, Philippines*, Vol.II, National Summary, Manila

Republic of the Philippines, National Census and Statistics Office: *Census of Population by City Municipality and Barangay, Metropolitan Manila Area*, Special Report No.2, Manila

Republic of the Philippines, National Census and Statistics Office: *Philippines 1980, Population and Land Area and Density 1970, 1975, 1980*, Special Report No.3, Manila Republic of the Philippines, National Census and Statistics Office: *Urban Population of the Philippines by Category, Region, Province and City/ Municipality and by Barangay: 1970, 1975 and 1980*, Special Report No.4, Manila

Republic of the Philippines, National Census and Statistics Office: *Statistical Handbook of the Philippines 1984*, Manila

Republic of the Philippines, National Census and Statistics Office: *Philippine Statistical Yearbook 1986*, Manila

Republic of the Philippines, National Census and Statistics Office: *Philippine Development Plan 1987-1992*, Manila

Republic of the Philippines, NEDA, *Medium Term Philippine Development Plan 1987-1992*, Manila 1987

Bibliographie

The Philippines: "Country Statement prepared for the International Conference on Population, Mexico", in: *Philippine Population Journal* 1/1, Manila 1985, S.1-7

Population Council, The: *The Philippines. Country Prospects*, New York 1974, 31 S.

Population Reference Bureau: 1988 World Population Data Sheet. Demographic Data and Estimates for the Countries and Regions of the World, Washington 1988

Roussel, Louis: "Demographische Veränderungen und neue Familienmodelle", in: *Demograhie. Zeitschrift für Bevölkerungswissenschaft*, 6.Jahrg. Vol.2, Hamburg 1980, S.237-255

Schubnell, Hermann (Hrsg.): *Population Policies in Asian Countries. Contemporary Targets, Measures and Effects*, Hongkong: University of Hong Kong, 1984, 781 S.

Smucker, C.M. et al.: "Neo-natal Mortality in South Asia. The Special Role of Tetanus", in: *Population Studies* 34/2, London 1980, S.273-296

Taylor, Carl E. und Marie Françoise Hall: "Health, Population and Economic Development", in: *Science* 157, New York 1976, S.651-657

Taylor, C.E., Newman, J.S. und Kelly, N.U.: "The Child Survival Hypothesis", in: *Population Studies* 30/2, London 1976, S.263-275

Teo Cheok Chin, Peggy: "The Relationship between Poverty and Fertility in some Less Developed Countries", in: *Singapore Journal of Tropical Geography* 6/2, Singapore 1985, S.139-151

Tonguthai, Pawadee: "Women and Work in Thailand and the Philippines", in: *Women's Economic Participation in Asia and the Pacific*, Bangkok: UN-ESCAP 1987, S.191-219

United Nations, Economic and Social Commission for Asia and the Pacific (UN-ESCAP): *Population of the Philippines*, Bangkok 1978, 347 S. (Country Monograph Series No.5)

United Nations, Department of International Economic and Social Affairs (UN-ESA): *Demographic Yearbook, Historical Supplement*, Special Issue, New York 1979

United Nations, Educational, Scientific and Cultural Organization (UNESCO), Regional Office for Education in Asia and the Pacific: *Literacy Situation in Asia and Pacific. Philippines*, Bangkok 1984, 52 S. (Country Studies No.8)

United Nations, Economic and Social Commission for Asia and the Pacific (UN-ESCAP): *Indirect Estimates of Fertility for Small Geographic Areas in the Philippines*, New York 1985, 22 S. (Asian Population Studies Series No.62-D)

United Nations, Department of International Economic and Social Affairs: *Population Growth and Policies in Mega-Cities. Metro Manila*, New York 1986, 47 S. (Population Policy Paper No.5)

United Nations, Department of International Economic and Social Affairs (UN-ESA): *World Population Prospects. Estimates and Projections as Assessed in 1984*, New York 1986

United Nations, Economic and Social Commission for Asia and the Pacific (UN-ESCAP): *Status of Civil Registration and Vital Statistics in Asia and the Pacific*, Bangkok 1987

United Nations, Economic and Social Commission for Asia and the Pacific (UN-ESCAP): *Statistical Yearbook for Asia and the Pacific 1986-1987*, Bangkok

United Nations, Department of International Economic and Social Affairs (UN-ESA): *Monthly Bulletin of Statistics*, Vol.XLI No.7, New York, July 1987

United Nations, Department of International Economic and Social Affairs (UN-ESA): *Demographic Yearbook 1986*, Thirty-eighth edition, New York 1988

United Nations, Commission on Social Development: Philippine Report on the Status of the Implementation of the Guiding Principles on Development and Social Welfare Policies and Program. 31st Session of the Commission on Social Development, Vienna, Austria 1989, 17 S.

Vos de, Susan: "An Old Age Incentive for Children in the Philippines and Taiwan", in: *Economic Development and Cultural Change* 2/3, Chicago 1985, S.793-809

Warwick, Donald P.: *Bitter Pills. Population Policies and their Implications in Eight Developing Countries*, Cambridge, London, New York: Harvard Institute for International Development, 1982, 229 S.

Weltbank, Country Department II, Asia Region: *The Philippines. The Challenge of Poverty*, Report No.7144-PH, 1988, 185 S.

Werning, K.: *Berstender Bambus. Befreiungskampf und Gesundheitswesen auf den Philippinen*, Frankfurt/Main: Sendler, 1984, 188 S.

Wery, R., Rodgers, G.B. und M.J.D. Hopkins: "Population, Employment and Poverty in the Philippines", in: *World Development* 6, New York, S.519-532

Wingen, Max: "Bevölkerungsrückgang und Familie": Zur Bedeutung des demographischen Wandels für soziale und ökonomische Strukturen und Funktionen der Familie", in: *Demographie. Zeitschrift für Bevölkerungswissenschaft* 3, Hamburg 1976, S.74-101

Wingen, Max: "'Direkte' oder 'indirekte' Bevölkerungspolitik? Anmerkungen zu einem schillernden Begriff", in: *Demographie. Zeitschrift für Bevölkerungswissenschaft* 3, Hamburg 1971, S.61-67

World Fertility Survey, Republic of the Philippines Fertility Survey 1978, First Report, National Census and Statistics Office, University of the Philippines Population Institute, Commission on Population, Manila 1979, 708 S.

World Fertility Survey, Major Findings and Implications, Oxford, London and Northhampton: Alden Press, 1984, 61 S.

Zablan, Zelda: "An Assessment of the Metro Manila Family Planning Outreach Project", in: *Philippine Population Journal* 1/1, Manila 1985, S.79-124

Thomas Wildgruber: **Der Traditionsbezug in der vietnamesischen Revolution**, Hamburg 1979, 128 S., DM 15,00

Centre for Strategic and International Studies, Institut für Asienkunde (ed.): **Peace and Security in the Atlantic and Pacific Regions**, Jakarta 1983, 293 S., DM 24,00

Peter S.J. Chen (ed.): **Singapore: Development Policies and Trends**, Singapore 1983, 384 S., PB: DM 30,00, geb.: DM 55,00

Wolfgang Senftleben: **Background to Agricultural Land Policy in Malaysia**, Wiesbaden 1978, 347 S., DM 98,00 *

Wolf Donner: **The Five Faces of Thailand. An Economic Geography**, London 1978, 930 S., DM 66,00

Klaus Fleischmann: **Die neue Verfassung der Union von Birma. Vorgeschichte, Inhalte, Wirklichkeit**, Hamburg 1976, 538 S., DM 29,00

Bernhard Dahm: **Emanzipationsversuche von kolonialer Herrschaft in Südostasien. Die Philippinen und Indonesien. Ein Vergleich**, Wiesbaden 1974, 171 S., DM 78,00 *

Karl Markus Kreis: **Großbritannien und Vietnam. Die britische Vermittlung auf der Genfer Indochinakonferenz 1954**, Hamburg 1973, 268 S., DM 13,00

Heinz Bechert: **Buddhismus, Staat und Gesellschaft in den Ländern des Theravada-Buddhismus, Teil 1: Grundlagen**, Ceylon, Frankfurt/Berlin 1966, 375 S., DM 58,00; unveränd. Nachdruck + Register, Göttingen 1988, 404 S., DM 30,00

Heinz Bechert: **Buddhismus, Staat und Gesellschaft in den Ländern des Theravade-Buddhismus, Teil 2:** Birma, Kambodscha, Laos, Thailand, Wiesbaden 1967, 377 S., DM 72,00 *

Heinz Bechert: **Buddhismus, Staat und Gesellschaft in den Ländern des Theravada-Buddhismus, Teil 3:** Bibliographie, Dokumente, Index, Wiesbaden 1973, 662 S., DM 188,00 *

Zu beziehen durch:

Institut für Asienkunde
Rothenbaumchaussee 32
D-2000 Hamburg 13
Tel.: (040) 44 30 01

SÜDOSTASIEN aktuell

Informationsauswertung über Südostasien,

um sich systematisch und kontinuierlich über die aktuelle wirtschaftliche und politische Lage in dieser Region zu unterrichten, erfordert, Informationen aus zahlreichen Quellen in mehreren Sprachen auszuwerten.

Dafür haben Sie keine Zeit !

Wir lesen für Sie und veröffentlichen die verarbeiteten Informationen über diese Vielzahl von

Ländern mit politisch und wirtschaftlich sehr unterschiedlichen Gegebenheiten für Interessierte in Politik, Wirtschaft, Medien und Wissenschaft leicht abfragbar in der alle zwei Monate erscheinenden Zeitschrift

SÜDOSTASIEN aktuell.

¤ Wir informieren Sie im jeweiligen Berichtszeitraum über zusammenhängende Ereignisse in Südostasien allgemein, in den ASEAN-Ländern und über die Rolle Japans in der Region. Danach folgen Länderinformationen über Thailand, Malaysia, Singapur, Indonesien, die Philippinen, Birma und Brunei sowie ein Informationsteil für Laos, Kambodscha und Vietnam.

¤ Wichtige Entwicklungen und Zusammenhänge werden in speziellen Artikeln analysiert. Ein Anhang enthält wichtige Gesetze, Erklärungen usw.

Jahresabonnement (6 Hefte einschließlich Index) DM 96,00 zuzüglich Porto
Zu beziehen durch den Herausgeber:

Institut für Asienkunde
Rothenbaumchaussee 32   D-2000 Hamburg 13   Telefon (040) 44 30 01-03

Südostasien-Publikationen
Institut für Asienkunde Hamburg

SÜDOSTASIEN aktuell - Zweimonatszeitschrift, Jahresabonnement DM 96,00 (zuzüglich Porto), annual subscription rate DM 96,00 (postage will be added)

Werner Draguhn u.a. (Hrsg.): Politisches Lexikon Asien, Australien, Pazifik, 2. neubearb.Auflage, München 1989, 365 S., DM 24,00

Rüdiger Machetzki (Hrsg.): Sozialistische und planwirtschaftliche Systeme Asiens im Umbruch, Berlin 1989, 116 S., DM 18,00

Oskar Weggel: Die Asiaten - Gesellschaftsordnungen, Wirtschaftssysteme, Denkformen, Glaubensweisen, Alltagsleben, Verhaltensstile, München 1989, 360 S., DM 48,00

Klaus Fleischmann: Die Kommunistische Partei Birmas. Von den Anfängen bis zur Gegenwart, Hamburg 1989, 431 S., DM 36,00

Klaus Fleischmann (ed.): Documents on Communism in Burma 1945-1977, Hamburg 1989, 278 S., DM 28,00

Günter Siemers: Von Marcos zu Aquino - Der Machtwechsel in den Philippinen und seine Folgen, Berlin 1988, 122 S., DM 18,00

Ostasiatischer Verein in Zusammenarbeit mit dem Institut für Asienkunde: ASIEN PAZIFIK. Wirtschaftshandbuch 1987/88, Hamburg 1988, 381 S., DM 65,00

Wolfgang Senftleben: Die Kakaowirtschaft und Kakaopolitik in Malaysia, Hamburg 1988, XVI+144 S., DM 18,00

Dirk Bronger: Die Philippinen. Raumstrukturen - Entwicklungsprobleme - Regionale Entwicklungsplanung, Hamburg 1987, 559 S., DM 46,00

Inge Bundschu: Kooperation und landwirtschaftliche Entwicklung auf Bali/Indonesien, Hamburg 1987, 200 S., DM 26,00

Wolf Donner: Land Use and Environment in Indonesia, London 1987, 368 S., DM 56,00

Werner Draguhn/Peter Schier (Hrsg.): Indochina: Der permanente Konflikt? 3., nochmals erw.Aufl., Hamburg 1987, 335 S., DM 28,00

Oskar Weggel: Indochina (Vietnam, Kambodscha, Laos), München 1987, 203 S., DM 19,80

Gerhard Will: Vietnam 1975-1979: Von Krieg zu Krieg, Hamburg 1987, 259 S., DM 28,00

Rüdiger Machetzki: Die pazifische Herausforderung. Zukunftsperspektiven für Industrie- und Entwicklungsländer, Berlin 1987, 113 S., DM 24,00

Werner Draguhn (Hrsg.): Die wirtschaftliche Position der Bundesrepublik Deutschland in ausgewählten asiatisch-pazifischen Ländern: Gegenwärtiger Stand, Konkurrenz und Perspektiven, Hamburg 1987, 257 S., DM 28,00

W. Röll/A. Leemann: Agrarprobleme auf Lombok. Untersuchungen zur Wirtschafts- und Sozialstruktur in Nusa Tenggara Barat, Indonesien, Hamburg 1987, 300 S., DM 80,00

Hanns J. Buchholz: Law of the Sea Zones in the Pacific Ocean (engl. Ausg.des Buches "Seerechtszonen im Paz. Ozean"), Singapore 1987, 118 S., DM 27,00

Hanns J. Buchholz: Seerechtszonen im Pazifischen Ozean. Australien/Neuseeland - Ost- und Südostasien - Südpazifik, Hamburg 1984, 153 S., DM 26,00

Ostasiatischer Verein in Zusammenarbeit mit dem Institut für Asienkunde: ASIEN PAZIFIK. Wirtschaftshandbuch 1985/86, Hamburg 1986, 386 S.; DM 50,00

Klaus Brehm: Die räumliche Mobilität der Bevölkerung in Zentral-Java, Hamburg 1986, 242 S., DM 28,00

Institute of Asian Affairs (ed.): Second Indonesia-Germany Conference. Hamburg April 15-17, 1985, Hamburg 1986, 183 S., DM 25,00

Carl-Bernd Kaehlig: Gesellschaftsrecht in Indonesien, Hamburg 1986, 343 S., DM 36,00

Dietrich Kühne: Vielvölkergesellschaft zwischen Dorf und Metropole. Fortentwicklung und neue Wege der Urbanisation in Malaysia (1970-1980), Wiesbaden 1986, 549 S., DM 148,00 *

Dietrich Kühne: Urbanisation in Malaysia, Analyse eines Prozesses, Wiesbaden 1976, 400 S., DM 158,00 *

Udo Nimsdorf: Massenkommunikation, politische Herrschaft und sozio-kultureller Wandel in den ASEAN-Staaten, Hamburg 1986, 285 S., DM 32,00

Volker Berresheim: 35 Jahre Indochinapolitik der Bundesrepublik Deutschland, Hamburg 1986, 235 S., DM 28,00

Werner Draguhn (Hrsg.): Umstrittene Seegebiete in Ost- und Südostasien. Das internationale Seerecht und seine regionale Bedeutung, Hamburg 1985, 343 S., DM 35,00

Inge Bundschu: Probleme der agraren Grundbesitzverfassung auf Bali/Indonesien, Hamburg 1985, 207 S. + 32 Karten, DM 28,00

Rüdiger Machetzki: Die ASEAN-Länder. Leistungsprofile, Märkte, Kooperationsaussichten, Berlin 1985, 91 S., DM 18,00

Peter Schier/Manola Schier-Oum: Prince Sihanouk on Cambodia. Interviews and Talks with Prince Norodom Sihanouk, 2nd enl. ed., Hamburg 1985, XXII + 134 pp., DM 21,00

Harald Uhlig (ed.): Spontaneous and Planned Settlement in Southeast Asia. Forest Clearing and Recent Pioneer Colonization in the ASEAN Countries and two Case-Studies on Thailand, Hamburg 1984, 332 pp., DM 55,00

Werner Draguhn (Hrsg.): Der Einfluß des Islams auf Politik, Wirtschaft und Gesellschaft in Südostasien, Hamburg 1983, 153 S., DM 21,00

Mary F. Somers Heidhues: Politik in Südostasien. Grundlagen und Perspektiven, Hamburg 1983, 260 S., DM 24,00

Klaus Fleischmann: Arakan. Konfliktregion zwischen Birma und Bangladesh, Hamburg 1981, 222 S., DM 22,00

Dirk Bronger: Die Industrie der Philippinen, Hamburg 1979, 211 S., DM 18,00